李公子の謎
――明の終末から現在まで――

佐藤文俊 著

汲古選書 53

李　岩　像

『定鼎奇聞』（東洋文庫蔵）

中央で演説をする人
（『新編勦闖通俗小説』国立公文書館蔵）

『鐵冠図』
（《古本小説集成》編委会編、
上海古籍出版社）

紅娘子と李岩
（姚雪垠『李自成』第二巻下、
中国青年出版社）

李 自 成 像

『定鼎奇聞』（東洋文庫蔵）

中央の矢を射る人
（『新編勦闖通俗小説』国立公文書館蔵）

（三田村泰助『明と清』
〈世界の歴史14〉河出書房）

（姚雪垠『李自成』第一巻上、
中国青年出版社）

李自成像（李自成行宮）、米脂県
（2009．4．26佐藤撮影）

目　　　次

　はじめに ……………………………………………………… 3
一　明末の流賊と李公子伝承 …………………………………… 7
　　1．流賊の発生と展開　7
　　（1）天啓7年〈1627〉～崇禎6年〈1633〉　7
　　（2）崇禎6年〈1633〉～13年〈1640〉　大流動期　9
　　2．政権（「仁義」の世界）の樹立と李公子伝承の発生（崇禎14年〈1641〉以降）　14
二　崇禎末、清代初期の李公子像 ……………………………… 27
　A　明朝倒壊時（崇禎17、順治元年、1644）の李公子原像　27
　　1．李公子＝李自成（『華夷変態』）　27
　　2．李公子＝李岩（『新編勦闖通俗小説』）　31
　　3．李公子＝李栩（順治『潁州志』）　41
　　4．三人の李公子像の異同　47
　B　清代初期の李公子＝李岩像の展開　49
　　1．『定鼎奇聞』と『樵史通俗演義』　49
　　2．呉偉業『綏寇紀略』　55
三　清代中期、李公子＝李岩説の公認と反発 ………………… 68
　A　『明史』流賊伝の成立　68
　　1．『明史』について　68
　　2．毛奇齢『後鑑録』と『明史』流賊伝　70

3．整理された李公子＝李岩像　74
　B　禁書体制と李公子＝李岩像の拡大　81
　　1．四庫全書と禁書・文字の獄　81
　　2．禁書と明末清初の野史　83
　　3．禁書体制と李岩伝承の拡大　87
　　　（1）『明史』の公認と『御撰資治通鑑綱目三編』　87
　　　（2）戯曲『芝龕記』　88　　（3）『綏寇紀略』の公認　93
　　4．紅娘子伝承（物語）の展開　94
　C　李公子＝李岩説への反発　98
　　1．河南開封府杞県　98
　　2．南直隷鳳陽府潁州　102
四　清末・民国期の李公子像 …………………………………108
　　1．乾隆禁書体制の弛緩と禁書の復刻　108
　　2．明末を題材にした小説の盛行　109
　　　（1）『鉄冠圖』　109　　（2）趙絃章『明末痛史演義』　111
　　　（3）李宝忠（健侯）『永昌演義』　114
　　3．郭沫若『甲申三百年祭』（1944）とその波紋　122
　　　（1）晩明熱　122　　（2）『甲申三百年祭』の執筆　124
　　　（3）『甲申三百年祭』の内容　125
　　　（4）『甲申三百年祭』をめぐる国共の論争　127
　　　（5）『甲申三百年祭』中の李岩と紅娘子　132
　　　（6）中華人民共和国成立前後、中国共産党と『甲申三百年祭』　135
五　中華人民共和国における李岩論争 …………………………140

A　1978年までの李岩論争

　　　―実在の人、李岩をどのように評価するか　140

　B　1978年以降の李岩論争

　　　―李岩は烏有先生か、実在の人か　143

　1．顧誠、欒星の主張と趙国光、陳生璽の反論　143

　2．歴史小説家・歴史研究者としての姚雪垠　150

　　（1）長編歴史小説、姚雪垠『李自成』の誕生　150

　　（2）郭沫若『甲申三百年祭』批判と識者による反批判　151

　　（3）李岩・紅娘子の歴史的存在の否定　152

　　（4）長編歴史小説『李自成』中の李岩・紅娘子　154

　　　ａ．李岩　154　　ｂ．紅娘子　155

　3．河南省を中心とした李岩論争　156

　　（1）李岩、実在の人・杞県の人をめぐる論争　157

　　　ａ．李小白・邢樹恩・杜宝田の主張と欒星の反論　157

　　　ｂ．範沛濰・李肖勝の主張と秦新林の反論　169

　　　ｃ．張鶴峰の主張と秦新林の反論　170

　　（2）李岩は徐州府碭山県の人　蒋祖縁の主張　172

　　（3）歴史上の人知県李岩の事績が、伝承上の李岩像に投影

　　　　戴福士の主張　174

　　（4）李岩、懐慶府博愛（河内）県の人

　　　　王興亜等の主張　179

おわりに …………………………………………………………191

参照文献・史料 …………………………………………………202

各章主要参照文献 ………………………………………………207

掲載図版：李自成の乱関連地図（15頁）、李公子伝承関連地図・
　　　　　関連事項（182、183頁）、人物図像（李自成、李岩）
　　　　　（口絵）
関係年表：李公子関連年表（219頁）

あとがき ……………………………………………………221

索　引 ……………………………………………………227

李公子の謎
——明の終末から現在まで——

はじめに

　崇禎17年（1644）、強大化した満洲族の清朝による北辺からの圧迫下、最も生産力の低い陝西西北部から始まった流賊の十数年にわたる展開の後、張献忠と並ぶ一方の雄、李自成の北京占拠と崇禎帝の自害により明朝が滅びた。我が国の江戸幕府、三代将軍徳川家光による、幕藩体制が確立した時期の正保元年に当たる。

　この明末の流賊、李自成の乱の評価は、中国の古代から繰り返される、流民の移動しながら略奪を繰り返し、衣料・飲食を得て生存を謀る盗賊集団とするのが一般的であった。20世紀の中国革命期、特に国民党と共産党の対立期にもこの乱の評価が対照的であった。国民党は漢以後の流賊は統治王朝に害を及ぼす騒乱主義の代表であり、共産党（「共匪」）もその延長にあると考えた。共産党の毛沢東は前近代の歴史を動かすのは農民階級の闘争だけで、李自成の乱はその典型の一つであると評価する。しかし根拠地を重視せず、飲み食いの後すぐに流動する流寇主義の典型でもあり、中国革命の克服すべき流派の一つとした。

　我が国でも長い間、盗賊・流賊とする伝統的評価が続いたが、第二次世界大戦後、明末の流賊を民変ととらえる新しい視点で書かれた李文治『晩明民変』（1944）を基に、田中正俊が主に発表してきた自身の江南における経済と民衆闘争の研究を総括した論文「民変・抗租奴変」（1961）を公にした。田中は"流寇"の結集したものが李自成の

軍であるが、単なる華北の乱のみではなく明末の社会的変動である、中国の封建的諸関係の解体を示す江南を中心にした 抗租闘争（地主支配下の小作料を支払う小作人、佃戸の小作料減免闘争）とこれに影響された奴変（主人に隷属する奴僕が家僕身分からの離脱を要求する闘争）、都市（城市）の民変（全国の主要都市で勃発した、宦官を徴収責任者として流通や生産現場に課された臨時税〈鉱税・商税〉に対する市民の反対闘争）を背景として、醸成された。つまり一時的な反乱でなく、明末の動乱の一つの頂点をなしたという。

　田中はこの乱が単なる盲目的な農民暴動ではなく、次のような特徴が見られたという。政治綱領をもち、規律正しく、なんら宗教や迷信に頼らず、また回教徒など少数民族をもそのうちに抱容して、従来の農民暴動に見られなかった新しい性格を備えていた。1640年末挙人李巌（以下岩の字を使用し李岩と記す）・牛金星らの建言により、民生安定策として「貴賤にかかわらず田を均しくし、三年間の徴税を免じ、百姓を殺さ」ず、軍規を厳正に「殺人せず、愛財せず、人民の私宅にほしいままに入るを許さず、民の婦女を犯すものは斬刑に処する」等の諸点をあげた。又別のスローガンには「殺人せず、愛財せず、姦淫せず、掠奪せず、取引を公平にし、富を均しくして貧を救う」があった。これらの事実は、明末の社会が到達した歴史的段階をはっきり示していると田中は結論する。

　田中の指摘するこの反乱の新しい特徴は、流賊が初期の段階から有していたのではなく、崇禎14年（1641）前後の河南省で流賊の新しい段階に入る時期、知識層、特に「李岩」・牛金星等の挙人が初めて参加した頃に現れる。ところでこの李自成の乱の新しい段階を示す典型

はじめに

といわれるスローガンの提出者を、正史『明史』流賊伝は杞県人、挙人李岩としたため、清初以来李岩は歴史上に存在しない人（烏有先生）とする『明史』に反対する説も根強く存続した。現代に到るまで続くいわゆる李岩論争である。論争の発生は李自成に代表される流賊の新しい性格を現し始めた時期から、「李公子仁義の師」として李公子が誰か不明のまま人々の間に期待をこめて伝承され、江蘇・浙江等の江南では時事小説等で文字化され、福建、さらに日本まで伝えられた。

本著では複雑化した李岩論争を、初発の頃から現在にいたるまでの経過を整理し、今後のこの研究に資する意図をもって叙述する。著書の題名に李岩を冠せず『李公子の謎』としたのは、人々の期待した李公子のイメージには、李公子を指す実際の人物に複数の人物像が重なっていること、経過としては李岩が実在の人か烏有先生かの論争に収斂されるものの、李公子の呼称には様々なニュアンスが含まれて伝承された。この伝承は歴史文献・野史・文学・演劇・歌謡等様々なジャンルを経過したため、史実と創作が入り乱れその境界が不明となっているが、逆に人物伝承のあり方としての豊富な内容を示す事例でもある。

この著作中での表記は、佐藤の見解を意味する時は著者佐藤の如く使用する。史料の引用は書き下しを主とするが、候文（そうろうぶん）・小説・戯曲は意訳で表記する。なお本著の記述は1985年に出版した拙著『明末農民反乱の研究』（以下旧著と略称）とその後に発表した論考が基礎となっている。なお現在の最も代表的な李岩は烏有先生（歴史上存在しない人物）説の立場にたつ論者欒星は、李岩に関する文献について最も詳細な批判を展開してきた（『甲申史商』）。李岩問題に関して、やや異なる立場に立つ著者佐藤も文中で氏の成果を引用させていただいた。なお

参照文献は後注の欄で著書となっているものを主に掲載するが、著書となっていない重要な論考と本著の記述に必要な佐藤の論稿も注記する。本文中、著書の引用は例えば（欒星著書、1995）の如く、著者名と発表年を基本とし必要な場合は該当頁を記す。又論文の引用は（顧誠、1977）の如く、執筆者と掲載年を記す。

一　明末の流賊と李公子伝承

　最初に、謎の人李公子が登場する歴史的背景を理解するために、明末の流賊、特に李自成の乱の展開過程を、史実として確認しておきたい。

1．流賊の発生と展開
（1）天啓7年（1627）～崇禎6年（1633）

　一条鞭法（納税者の田土所有額と丁口数に応じて賦と役を各々銀で納付）の実施を全国に展開した宰相張居正の政策の結果、豊かになった明朝の国庫も豊臣秀吉の朝鮮侵略への援軍派遣等を含む万暦三大征の出費、張居正の死後万暦帝の親政時期の国本問題（皇太子決定の遅れ）から発生する之国（シコク）問題及び宮廷の奢侈生活に必要な財源確保のための宦官による強引な徴税（鉱・税の禍）は、全国の主要都市に民変を巻き起こした。さらに万暦年間ヌルハチのもとに統一され急速に力をつけた満洲軍による遼東侵犯で情勢が急を告げると対満洲軍軍事費としての遼餉を、崇禎10年（1637）に入り流賊が頻発するとその対策費としての勦餉を、さらに流賊が拡大すると崇禎12年（1639）郷里防衛費としての練餉を各々田土に臨時税として科派した。これらの三餉の総計は正税に匹敵する額であったため、特に華北の小農民を大量に流民化させる主要な原因の一つとなった。明末華北の流賊の乱に先行する動きは、万暦末・天啓年代の華北社会で白蓮教や無為教の動きと並行して、各

地で散発的に開始されていた。

　陝西は西安府のある関中平原やその南の陝南山地は畑作地帯として、陝北に較べてはるかに生産力が高く有力な地主や商家も多い。1620年代の深刻な飢饉の続発は、延安府を含む生産力の低い陝西北部に壊滅的な打撃を与え、これが明朝の倒壊に直結する大小多数の反乱集団を発生させた。まずどのような階層がこれらの乱に参加したのかを、簡潔に伝える計六奇『明季北略』巻4〈流賊初期〉を見ることにしたい。これによると参加階層は六分類されているが、さらに整理すると兵卒(「逃卒」「叛卒」)・「駅卒」・民(「飢民」「難民」)・「響馬」の四種になるであろう。兵卒の参加が目立つのは陝西には九辺鎮の寧夏・甘粛・延綏鎮があり多くの兵士が駐屯していたためで、彼ら下級兵士は給料未払いや支給の遅れ、上官の着服と使役、加えて満洲軍の侵攻に備えて北京防衛を目的とした過酷な長距離移動等の原因により、生存のため或いは上官に反発して原隊を脱走した。このような兵変が続発していた。又明朝の経費節減方針(「裁駅」)により同地方の駅伝が縮小・廃止されたため、この地の多くの人々が生計の糧としていた駅卒を失職し、各地の乱に参加した。農村と都市の民衆は重い賦役と臨時税の上に過酷な飢饉により、生存がたちゆかなくなった。この時期の延安府を中心にした陝西の飢餓の惨状について、同府安塞県出身の給事中、馬懋才が「陝西の大飢を備陳するの疏」で詳述し、この上奏文については宮崎市定の名訳がある(宮崎、1971)。最後の「響馬」は伝統的な馬賊を指す。さらにこの地は蒙古・漢・回各民族の雑居地で、参加者中にこうした民族も包摂されていた。

　陝西の初期集団は、明軍の元兵士や騎射に優れた無業者より構成さ

れた辺賊と、私的武力を有し納税拒否も行う土豪的存在の土賊の協力関係にあり、ここに先に掲げた大量の流民化した人々が参加し勢力が拡大された。これらの流民の特徴として老幼婦女を含めた一家・一族、近隣者が、家畜等の動産を携帯して参加した。したがって従来の生活拠点や活動の中心の都市にこだわったため、明軍の集中攻撃で滅ぶ集団も多かった。生き残った集団は占拠した都市や山岳地帯にこだわらず、明軍や地元の武装勢力の手薄な地域に流動した。明朝はこうした反乱の拡大に対して招撫或いは勧討の方針を掲げて対応しようとしたが、いずれも有効な手立てとならなかった。当初は陝西内の流動であったが、崇禎3年（1630）、有力集団の一つ王嘉胤が招撫を拒否して初めて黄河を渡河して山西に入った。それまで山西側では陝西から侵入する反乱集団を"防寇"する目的で、食料を陝西に販売することを禁止（顧誠著書、1984、p.37）していたが、ついにこの規制も突破された。この拡大は明朝が最も恐れた事態であった。

　この多くの初期反乱集団の指導者で目立つのは延安府出身者である。後の流賊集団の軸になった王嘉胤（府谷県民、飢民）・高迎祥（安塞又は安定県民、馬賊）・羅汝才（延安の人、所属州県不明、飢民）・李自成（米脂県民、貧農から銀川駅駅卒）・張献忠（膚施県又は延安衛柳樹澗の人、貧農から捕役・兵士）の如きが皆そうである。

（2）崇禎6年（1633）～13年（1640）　　大流動期

　生き残った流賊集団は、さらに生き残りをかけて明軍や地方武装力と戦い、又その間隙をぬい連年の飢饉で発生した飢民や各地の一部小規模土賊を吸収しながら拡大していった。その流動地域は陝西・山西・

四川・河南・湖広・安徽等、長江以北の広大な地域に展開された。これら生き残った流賊は独特の組織をつくりあげ、その賊首は掌盤子或いは掌家といわれた。盤の語義にも諸説あるが、一般的には掌盤子の軍の駐屯地を、盤子はその部隊を指すと考えるのが妥当であろう。この掌盤子の組織と規模について不明な点も多いが、以下でその概要を記してみたい。崇禎9年（1636）3月、新たに陝西巡撫に就任しこうした掌盤子と対峙していた孫伝庭（山西代州振武衛の人、万暦47年進士）は、その組織構成について下部組織の指導責任者の呼称により、管隊―領哨―大哨頭―掌盤子のごとき系列という（『孫伝庭疏牘』）。彭孫貽『平寇志』巻6では管隊（20人の兵の長）―小管隊（100から400管隊の長）―老管隊（40から70小管隊の長）―掌盤子（20から30老管隊の長）といい、計算どおりなら6万から24万の大集団になり、戦闘と移動を考えるとにわかに信じ難い。ただ流賊は兵士の家族も参加しており、彼らの生命の保証も重要な任務であった。史料上大掌盤子、小掌盤子と呼称される例がしばしば見出されるが、掌盤子組織として自立する必要最小限の条件は、衛を立て2から3の哨を有して自立することである。哨は流賊が自立した軍事行動と生活集団として存在する基本編成単位で、先の計算でいえば2000から8000の人数となる。なお明軍や地方武力組織に敗れて掌盤子が投降する場合、投降に反対する部内の勢力は哨ごとに独自行動をとった。

　掌盤子組織の特徴は騎兵に特徴があり「流寇は馬を以って家と為す」といわれ、明軍に比較して機動性と迅速性に勝れていた。したがって精兵一人を20余人の兵が補佐し、常に数頭の換え馬を用意していた。歩兵のほかに後勤部隊にも特徴ある組織化がなされていた。打糧隊・

一 明末の流賊と李公子伝承

打馬草隊・吹手隊・裁縫隊・銀匠隊・諜報隊・孩児軍等のごとく、技術、年齢、性別等に基づく組織が作られていた。掌盤子は軍内では家父長を意味する掌家としての呼称で一元化され、組織の各隊の長は上からの任命ではなく構成員の選挙で決定され、戦闘等での死亡した家族の寡婦や遺児の処遇は所属する組織が責任を持ち、獲得した食料・金帛等は掌盤子に納入後、均等に分配された。その意味では戦時共産主義ともいうべき成員の平等が徹底されていた。

　掌盤子間の関係は明側の戦力・戦略との兼ね合いで、各掌盤子は自由で対等な連営・合営を行い、作戦終了後は独自行動に帰した。掌盤子が集結して作戦会議を挙行する際、影響のある特定掌盤子の役割は軍事的・組織的な支配者ではなく、経験と軍事的才能に基づくまとめ役であり、いわば同等者中の第一人者ともいうべき存在であった。王嘉胤・王自用（紫金梁）・高迎祥等がその例である。

　新任の陝西巡撫孫伝庭は崇禎9年7月、陝西西安府盩屋県山中で、掌盤子中最も勢力のあった闖王高迎祥を伏兵により捕らえ、北京に送致後、翌年皇帝の面前で高迎祥は処刑された。当時の明朝にあっては大成果であった。まもなくまだ闖王集団の中では圧倒的威望を持つ段階に至っていなかった李自成が、混乱の中で闖王位を継ぐに至った。

　崇禎10年（1637）3月、崇禎帝の信頼する楊嗣昌（武陵の人、万暦38年進士）が兵部尚書に起用された。彼は同年12月から翌年2月までの三ヶ月間に、中原（陝西・河南）で流賊を全滅（「平賊」）させる作戦、華北・華中の10管区の巡撫とその兵力を総動員する四正六隅十面策を立案・提起し、この大作戦の費用として臨時税、勧餉の徴収も承認された。この戦略を実践する責任者として両広総督の熊文燦を兵部尚書

に抜擢し、前線の郧陽に司令部を置き、南畿・湖広・河南・山西・陝西・四川の軍務を総理させた。熊は崇禎元年（1628）、海賊の一方の雄、鄭芝龍を招撫して海賊対策に専任させ、中国東南の海域を沈静化させた。今次も同様の手法を用い剿より撫を重視したため、これを利用して翌11年（1638）4月張献忠が四川穀城で、同12月羅汝才等9営が太和山でというように、流賊の一部の主要掌盤子が投降した。一見赫赫たる戦果をあげたようであり、これにより投降を拒む李自成等の掌盤子に、明の総力を集中することが可能となった。このため11年下半期から12年（1639）初めにかけて、流賊側の動向は低調期に入った。しかし張献忠等の投降実態は部隊を解体せずに穀城県に展開して休息し、軍糧の支給又は自身で徴発をおこなっていた。いわば明朝公認で部隊の整頓と戦力を充実させ、明軍に編成されることなく、堂々と偽降の実をあげていた。12年5月には張献忠が再反乱し羅汝才等もこれに呼応した。招撫の失敗が明らかになった9月に熊文燦が逮捕され、この責任をとって楊嗣昌自身が実戦の指揮を執るために全権を与えられ、襄陽に出陣するにいたった。崇禎13年（1640）には明軍による張献忠大包囲、李自成を河南山中で危機に陥れる等の局面をつくることもあったが、13年末以降、四正六隅十面策の実施は困難となり、流賊の勢いが日増しに強大化していった。

　14年（1641）1月、張献忠を追った明軍が四川で釘付けになっている間、手薄になった東路より、危機を脱した李自成等が大飢饉の続く河南に入り、洛陽を落とし怨嗟の的であった福王朱常洵を殺しその財宝や食料を飢民に分配し、又兵力の増加と下級知識人の参加も得て隆盛期を向かえるに至った。2月、張献忠も河南に入り襄陽を落とし、

同城内に封建されていた襄王朱翊銘を殺害した。中原の主要都市を落とされ連続して封建王の最高爵位にある二人の親王が殺害された責任をとり、3月楊嗣昌は自害した。こうして明軍と流賊側の戦力は逆転することになった。これ以前の流賊は衣料・糧食等の補給を終えれば直ちに都市を放棄したのと異なり、この頃から次々に占領した都市を長期に支配するため武官を常駐させ、並行して文官も設置するようになった。李自成等は14年（1641）から15年（1642）9月にかけて中原の要であった開封を数次の攻防戦で、明軍の総力をあげた抵抗をついに破り、中原の支配に着手した。16年（1643）1月、李自成は襄陽を襄京と改め、ここに政権を樹立し新順王を名乗り、民衆から信頼される一部の士大夫を文官に勧誘し、生員層を独自の科挙に応募せしめる等、官僚機構の創設に力を注ぐようになった。流賊の一方の雄、張献忠も16年（1643）5月、武昌を天授府と改め大西王を名乗り、李自成と同様政権樹立に着手した。

こうした政権樹立競合状況は、掌盤子間の従来の自立した自由な分合に基づく流賊間の関係に変化を生ぜしめた。11年（1638）末頃から流賊の停滞期、投降を拒否して流動する少数の掌盤子は李自成の指導下で戦う機会が多く、又五次の多きに上る開封城攻撃も李自成の指揮下で闘う機会が増加した。統一指揮下に入ることは掌盤子の指揮権が否定され軍の再編を伴うものであったので、これを拒否する掌盤子と李自成との間に軋轢が生じた。李自成は政権を確固とするためにこうした掌盤子を力で除こうとしたため、凄惨な事件が頻発する。16年（1643）3月、流動する掌盤子の典型であった羅汝才の殺害とその部隊の解体、革左五営といわれた革裏眼・左金王の惨殺、同年5月には

袁時中の殺害の如くである。こうした李自成に併合された掌盤子配下の軍は李自成軍に編成される者、張献忠軍に逃れる者、或いはかつての流賊で投降（「反正」）して明軍の将となった者に投降した。もっとも李自成軍の指揮下に編成される場合、掌盤子の基礎であった下級将校が掌握する哨単位が活用された。なお本節の記述は主に旧著第一章一節・三節に拠った。

2．政権（「仁義」の世界）の樹立と李公子伝承の発生（崇禎14年〈1641〉以降）

　明末の流賊李自成・張献忠は崇禎13年（1640）末から14年当初にかけて、従来の流動一辺倒から新しい段階に突入し、農民向けの政策を明確にしていくとともに、農村・都市の下級知識人、都市の民衆・小商人向けの政策も提示し、河南・湖北の主要都市を占拠した。物資の補給が終了すると明軍の到着する以前に直ちに放棄していた都市政策を改め、彼らは自前の文武の官僚を派遣し、都市の長期的占拠を図るようになった。つまり政治権力の創出である。李自成は16年（1643）1月に大順政権の前段階とも言うべき襄京政権（襄陽を襄京と改称）を、張献忠は同年5月武昌に大西政権をつくったことは先に述べた。16年末から17年（1644）にかけて李自成の大順軍は部分的な抵抗を受けるものの、ほぼ破竹の勢いで陝西・山西・直隷の主要都市を、その際宣伝と支配層の降伏という戦闘なくして占拠する例も増加した。17年1月には西安を占領して大順国の成立を宣言し、同年3月には北京を占領する中、崇禎帝が自殺し明朝は滅びる。

　流賊が独自の宣伝と施策により農村と都市の民衆の熱狂的支持を獲

一 明末の流賊と李公子伝承　　15

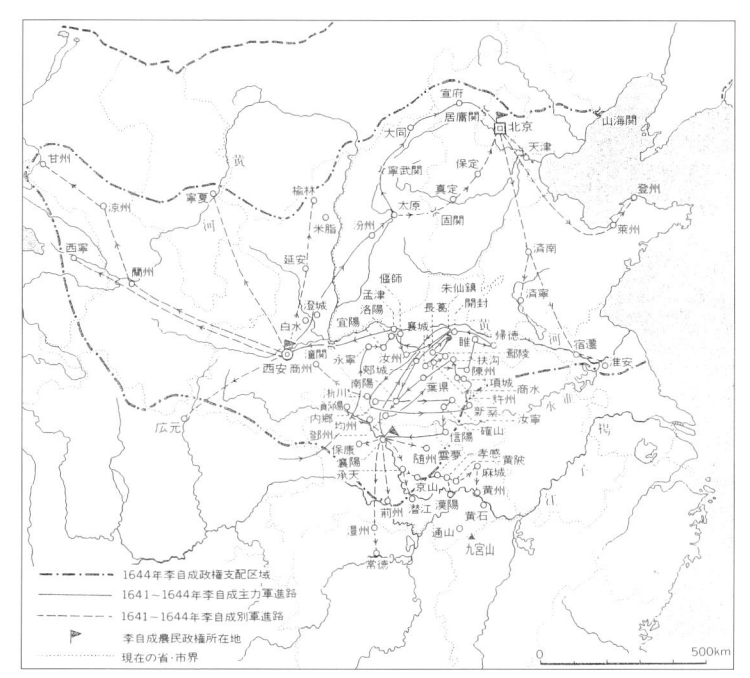

李自成農民軍の行動図（※襄陽に🚩を追加…佐藤）
（厳紹燙『李自成起義』〈歴史知識読物〉、中華書局、1974）

得し独自政権を樹立していく状況を、明の瓦解の危機ととらえた各地の官僚は、流賊が仁義に「仮」して人心を収拾しているととらえた。こうした背景が本著のテーマである李公子伝承の発生と拡大に密接な関係を持つ。仁義の「仁」は人間の本来もっている心、「義」は人間の必ず踏み行うべき道をいい、国を治めるのに「大事なのはただ仁義だけです」（『孟子』巻一梁恵王章句上）とあるように、儒家の想定した理想的な仁義の徳に基づく仁義の政治つまり王道が、人々の期待に支

えられて李自成側に移りつつあることの危機感を表明している。以下でこうした四つの事例を示して見よう。

事例1

明朝倒壊の危機感をこうした表現で表した早い例として、崇禎16年（1643）2月21日、湖広郎陽府で刑罰と監察を取り扱う宗室出身の地方官、監紀推官の朱翊𨨏の上奏文があげられる（『明清史料』乙編 第十本『兵科抄出湖広郎陽府監紀推官朱翊𨨏奏本』）。

宗室出身である朱翊𨨏の上奏内容に言及する前に、明の諸王封建制について簡単にふれておこう。明朝は皇帝の子孫を実際に地方に封建し積極的に活用した朱元璋（洪武帝）時期を除いて、永楽帝以後は皇族による皇帝権を脅かす危険性を防止するために、地方分封を継続し食封制で規定財源を支給するものの、次第に皇帝の子孫を政治・軍事職につけず、諸王の日常活動及び婚姻対象者とその一族に対しても様々な規制を設けていった（藩禁体制）。こうして皇帝の子孫とその一族は、地方における朱氏皇帝の一族として皇統の権威を象徴する以外に役割はなくなった。明末に至ると、王府問題は明朝政治史の中でも最も解決不可能な課題の一つとなった。特に王族は四民の業に就くことを禁止され、封建された行政府城内に閉じ込められたままであった。宗室人口は異常な増加を続け、独自の財源を開拓した裕福な上級王府と、その日の暮らしもままならない無名・無禄の多数の貧宗が存在した。王府存在から生ずる矛盾は、分封行政区を混乱させ明朝統治の基礎を危うくした。このような矛盾の解決策は多くの政治家から問題提起されたが、抜本的解決は不可能であった。こうした中で明末の万暦年代実施された数少ない王府政策の一つに、〈宗室出仕の禁〉の一部開放

問題がある。上級宗室である親・郡王を除く鎮国将軍以下の中・下級宗室を、一般の生員と一緒に応試させ、科挙各段階の合格者を京職には選授しなかったものの、地方官とした赴任させる政策である（佐藤新著、1999、第一部）。

　朱翊𨐉は崇禎15年（1642）、特別に実施された科挙試〈賜特用出身二百六十三名〉中の進士合格者の一人であった（『明清進士題名碑録索引』下）。英宗（正統帝）の子朱見潾は徳親王として成化３年（1467）、山東済南府に封建されたが、朱翊𨐉はその系統の下級宗室であった。合格の翌年、鄖陽府の監紀推官として派遣された。鄖陽府は成化12年（1476）、これ以前流民が禁山区に入植し定着したため、これを規制し山地から追放しようとする明の政策に対ししばしば大規模な抵抗をした流民を、新たに明の里甲民として定着させ管理するために設置された。同地は陝西と境界を接する治安の悪い湖北の山岳地帯にあった。

　崇禎14年（1641）から彼の赴任した16年（1643）当初までに、湖広・河南に封建された福王（分封地・洛陽、崇禎14年１月陥落、以下同じ）・襄王（襄陽、14.２）・唐王（南陽、15.11）・崇王（汝寧、15.閏11）・周王（開封、15.９）・恵王（荊州、15.12）の六王府が、李自成・張献忠軍により陥落させられ、親王は殺されるか居城を追われ、或いは捕らわれ、各王城は流賊に占拠され「偽官」（李自成の大順政権の官僚についての明側の呼称）が設置された。特に襄陽は漢水に沿い河南・湖北・陝西・四川に睨みをきかせる軍事・流通上の位置にある。赴任した当初の16年１月、鄖陽府の隣府、長江の軍事・物資集散の要衝である荊州の陥落状況は、彼にとって大きなショックであった。その状況について先掲史料で、次の如く述べる。

> 今16年正月初３日、賊は又荊州を陥す。且つ其の中には城を献じる者有り。印を送りて死を免がれる者有り。香を焚きて門を開き以って、(二字不明)を迎える者有り。

このように戦う前に、荊州の地方官が率先して官印を差し出し、或いは香を焚いて李自成軍を歓迎し、城を献上する守備の武官や城内の支配層（紳士）の行動により、戦わずして荊州は陥落したのである。さらに

> 賊は且つ偽官を設け、偽印を造り、偽箚を給う。百姓は亦塵を望んで投順し偽民と為る。賊は又牛種（牛と穀種）を給し、貧困を賑わし、擊牲(げっせい)を畜し、農桑に努め、久遠の計を為さんとす。

とあって、城内の人民は遠方より流賊の到来を察知すると、自らその「偽民」となろうと望み、又窮民を救済し、さらに農民に農業を行うための資金・家畜等を提供して生産の場の安定を計ろうとする長期的計画を提示したため、農民の期待と支持を受けた。

残存する明の「食の無い」兵士は流賊の侵入を観望するのみで、かえって「堂々の大兵は日々剽掠を事と」し民衆を略奪したため、「民は賊に附して兵に附さず」という当然の結果を生んだ。こうして荊州府管轄内の州県にも、「偽官」つまり李自成地方政権の文武官が設置された（この地域の「偽官」の設置状況は佐藤旧著一章三節参照）。

こうした李自成軍を軸とする流賊が河南・湖北を陥落させていく状況について、宗室出身の地方官朱翊鏊は「賊は方に仁義に仮して、以って人心を収拾せんとす」のように、王朝の統治理念である仁義に基づく支配を実現しようとしているとその全体像を把握し、明朝は「今土崩れ瓦解せんとする日に当たる」との危機感を表明した。

事例2

　談遷『国榷』巻99によれば李自成軍は16年（1643）10月、潼関を突破し、そこに襲来した三辺総督孫伝庭を敗死せしめ、11月には陝西各地の諸都市を落とすと同時に、黄河を渡って山西南部に侵攻し、同年12月には山西の重要都市平陽を下した。このとき「吏民皆下る」と記す。この前後に、李自成軍は山西府州県に檄を発しつつ先発隊を派遣し、後からやってくる大軍の李自成軍は抵抗しなければ通過する都市は一切掠奪しないから、文武官は時勢を考え、「城を献じて印を納」めるようにと宣伝させた。このような崇禎16年末時期の山西の主要都市の陥落状況を、刑部四川司員外郎王鳳翼が現地からの報告を拠り所として上奏した表題に、以下の如くいう。

　　死賊は仁に仮し義に仮し、衆心は酔うが如く痴するが如し。仰懇するに聖明もて、地方官吏に厳しく勅し、急いで倡迎の姦を剪り、節義を維り、以って封疆を固めることの為にす。（兵部行「兵科抄出刑部四川司員外郎王鳳翼奏」稿〈『明清史料』壬篇第六本〉。鄭天挺・孫鉞等編『明末農民起義史料』にも収載されている。）

　この上奏は「死賊」（必死になっている賊）の宣伝する「仁義」の内容に、「有司・紳衿」を含めた多数の人々が期待し、なだれをうった如く彼らを歓迎する状況について、地方官に厳命して本地の紳士や良民をして明朝に忠義を尽くさせ、乱民や賊を倡迎する「有司・紳衿」を厳罰に処し、地域の保全を行えという提言である。これはさきの朱翊鍏とほぼ同内容である。山西が厳しい状況におちいっていることを有りのまま報告しない識者に代わり、傲慢な妄言との批判も恐れず、義憤をもって決死の覚悟で真実を報告するとしている。

この骨子はまず明朝「三百年作養の恩」をうけている紳士が、先頭にたって「賊」に降り、自ら百姓に対して投降すれば城市は無事であると説いたり、或いは自ら出城して遠方に出向いて賊を歓迎し、地方官も命惜しさに先に逃げてしまう。さらに注目すべき内容として、明の良民が大順側の宣伝する「偽牌」の内容を信じて次々に「偽民」となっていく事実である。王鳳翼の文は難解な所もあるので、（　）内に原文も附す。

> 毎に聞くに、死賊城に入れば市を免じ、一二の衰黎・病老に偽約を践むを徳色とし、其の余は則ち民の為に害を除くと借口し、紳衿・富民を屠殺すること、猶お故のごとし（毎聞死賊入城免市徳色於一二衰黎病老以踐偽約其余則借口為民除害屠殺紳衿富民猶故也）。

大順軍はまず入城すると病人・老人・最下層の困苦の民（「衰黎・病老」）に施しを行い、民衆に搾取を行う支配層（「紳衿・富民」）については、従来どおり略奪・殺害の対象とすると公言している。さらに「免市」政策の内容が注目される。この内容は交易を禁じたともとれるが、この上奏文内にも後述の呉麟徴の書信にもあるように、「市肆易らず」の如く日常の交易は通常通り維持させた意味である。同時代を生きた馮夢龍が蒐集した、馮夢龍『甲申紀事』〈北事補遺〉に、「賊他の伎倆無く、到る処先に賊党を用いて往来の客商に扮作し、四処伝布して説く。…平買平売、……」とあるように、客商を装った宣伝担当者による公平な価格による売買という城市の中小商人向けの政策スローガンを唱えており、城市占領後も公平な商業活動を保証したことを証明している。

一　明末の流賊と李公子伝承　　21

事例3

　17年（1644）2月、西直門の守備の責任者として最後まで李自成軍に抵抗し、3月北京落城後自害した浙江・海塩県の人、天啓2年（1622）の進士、太常寺小卿呉麟徵がその直前に郷里の長兄、秋圃に書き送った手紙に、主要都市の陥落状況を伝える。李自成軍は陝西楡林等一部城市の抵抗を排除し、17年1月、西安で大順政権を成立を宣言し2月、再度黄河を渡河後、破竹の勢いで山西を席捲した。こうした山西の事態について呉麟徵は

　　流賊（黄）河を過ぎ直に三晋に入る。偽官至る所、士民郊に迎え、
　　新旧酒を設け交代す。郷紳は金を醵め之を餽れば、即ちに干犯を
　　許さずと給示す。地方粛然として市肆易らず、往来も亦甚しく禁
　　ぜず。（呉麟徵「寄稟伯兄秋圃」『呉忠節公遺集』巻2、『乾坤正気集』
　　巻374）

の如くいい、三晋（一般に山西を指す）の主要都市がほとんど抵抗なく、むしろ士民も官僚も積極的に投降ないしはその都市の政権交代を進め、特に郷紳が破壊なくして自己の支配基盤と都市の現状を維持する為に、李自成軍の主張にそって、「金」を集めて提供している。山西ではこの手紙の書かれた2月2日の汾州、7日に太原南関が破られると以後次々に主要都市が落され、29日には寧武関が破られると大同総兵姜瓖、宣府総兵王承胤が投降した。こうした2月の山西の状況について、呉麟徵は「三秦は尚お殉節の士あるも、三晋絶えて以って人無し」と、陝西とは異なる山西の絶望的状況を記し、出身地の江南方面にも、運河を押さえるため李自成の地方政権官僚と将兵が派遣された事実を知り「且つ聞くに一枝、直に淮・揚に逼る」と故郷江南にも大順軍の迫

る危機感を伝えている。

呉麟徴の書信中には上記の引用に続けて、大順軍の宣伝に用いた有名な歌謡が記録されている。（　）内に原文を示す。

 民之が為に謡って曰く、みな思う存分食べて暖かく着よう。食べて着て足りなければ闖王がいるから大丈夫だよ。（闖王がいれば）差役に当たらず、税金（糧）を納めなくてよい。みんな楽しく過ごそう。（民為之謡曰、吃他娘、着他娘、吃着不穀、有闖王、不当差、不納糧、大家快活過一場）

この歌謡は従来農村向けであった内容を生存の危機にある多くの都市の民衆に対し、李自成がくれば困窮の原因である明朝の賦課してきた徭役（差）を免れ、税金（糧）の納入を免除し、十分な食料と衣料を得て安穏な生活を送ることができるとするもので、宣伝としては最も民衆の願望と彼らの困窮する根源の核心をついている。徭役と税糧をふくめた歌謡内容は談遷『国榷』、戴笠撰、呉殳編『懐陵流寇始終録』の各々崇禎17年（1644）2月の項にも紹介されている。後述するように、この歌謡は崇禎17年8月初旬に出版された『新編勦闖通俗小説』にも記され、後『明史』にも採用された。『新編勦闖通俗小説』内の児童隊が歌う歌謡では

 思う存分食べよう。思う存分着よう。大門を開けて闖王を迎えよう。闖王が来れば税金を納めなくてよいよ。（教導小児們歌唱、吃他娘、穿他娘、開了大門迎闖王、闖王来時不納糧）

といい、李自成が税金の免除をしてくれると宣伝し「愚民」が信じたと伝える。徭役と税糧かそれとも税糧のみかという二者択一ということではなく、両方の歌謡が存在していたと考えたい。この他にも税の

三年免除のスローガンも伝えられ、税役負担免除に関して様々な宣伝がなされ、これらに苦しんでいた人々に期待をもって受けいれられた様子が伺われる。

なお呉麟徴は先の文章に続けて「廟堂の上、猶お蠲免を言うを諱む」の如くいい、税の免除は本来朝廷が言い出さねばならないのに賊が先取りして民衆の共感をえているという意味合いを述べている。

事例4

最後に上記と重複する内容もあるが、農村・都市を圧倒していく「仁義」の内容を示す、宣伝政策の全体像を馮夢龍の収集した資料を用いてまとめておきたい。馮夢龍（1574〜1646）は短編小説集『三言』を始めとした小説、戯曲、歌謡等の通俗文学を中心に活躍した「明末通俗文学の旗手」で、明滅亡後は亡くなるまで南明に情報提供する側面から反清運動に協力していた（大木著書、1995）。馮夢龍は多くの資料・情報を集めた書物として『甲申紀事』を編纂・刊行した。その第六巻「北事補遺」（『馮夢龍全集』）は、明滅亡直前の李自成軍の状況に関して早くに消失し今日では存在しない『陳掲』・『紀實』始め、当時書かれた書誌や伝聞からその真偽はともかく広く収集し、後の「詳訂を待つ」として明の滅亡の歴史（「信史」）を書くための材料と位置づけ、その採否を後世の歴史家の判断に託して以下のような内容を伝える。以下の(1)等の記号は著者佐藤が、内容ごとに区分し便宜的に付した。

(1)賊は他の伎倆無し。至る所先に賊党を用って、往来の客商に扮作し、四処もて宣布せしむ。説くに、賊は人を殺さず、財を愛さ

ず、姦淫せず、搶掠せず、平買平売し、銭糧を蠲免し、且つ富家の銀銭を窮民に分賑し、頗る斯文・秀才を重んじ、迎える者は先ず銀幣を賞し嗣いで即ちに考較し、一等は府（知事）と作し、二等は県（知事）と作す。

(2)時に復た選ばれ来る府県の偽官は多く山（西）・陝（西）の秀才に係わるを見て、益々信じて真と為す。是において不通（事理に通暁しない）の秀才は皆官と做るを望む。無知の窮民は皆銭を得るを望み、銭糧を拖欠する者は皆蠲免を望む。訛は以って訛を伝え、衆は以って衆に伝う。即ち賊党の凶悪なる者を目撃し之をいうも、亦敢て信じる無し。たまたま真（定）・保（定）の間の民謡に言う、満腹し暖かく着よう、大門を開き闖王を迎えよう、闖王がやって来れば税糧を納めなくてよい。

(3)此の賊の謀がうまくゆくので、賊膽は益々張し、只だ三四人、或いは四五人もて便ち来たりて到任し、詭って大兵後に在って即に至らんと言う。地方官は風を聞き先に逃れ、而して偽官厳然として南面す。

この史料の第(1)段では客商に扮した宣伝隊が、大順軍は秩序をもって殺人・姦淫・略奪せず、商人には公平な価格で売買し、民衆には税金を免除し、困窮した民には金持ちの銀銭を取り上げて分け与え、生員等の下級知識人は優遇するとし、投降したものには金銭を与えた上試験を実施し、成績に応じて府・県の知事に任命するというように、各階層向けの宣伝を行っている。

第(2)段では宣伝通り、派遣されてくる地方官（偽官）が山西・陝西出身の下級知識人であり、出世の機会のなかった生員はこれこそ就官

一　明末の流賊と李公子伝承

の絶好の機会とし、窮民は銀銭を得る機会とし、税金（銭糧）の滞納者はその帳消しを各々期待し、噂が噂を広げ、いくら流賊が凶悪であることを目撃したと説いても、誰も信じようとしない。その上、大順軍の進出につれて直隷の真定と保定間にも、（先の呉麟徴の書信で紹介した）歌謡が歌われ、人々に与える影響力の勢いは止まるところを知らない。

　第(3)段ではこうした背景の下、数人の偽官が先遣隊としてやってくれば後に大軍が続くという宣伝を信じ、早々と明朝任命に係る地方官は逃れてしまい、やすやすと偽官は当該地方をその手に収めてしまう。

　以上明に殉じようとする三名の官僚の上奏内容を中心に、明朝が倒壊せんとする現実を見てきた。崇禎15年（1642）以降、湖広・河南の都市の陥落、主要都市による封建王府の一掃とその後の流賊による地方政権の樹立。戦わずして城を献上する官僚と郷紳或いは紳士の支配層、喜んで賊を迎えて偽民となる百姓・良民。解体しつつある明の衛所制と指揮系統の中、中央の軍令に従わず強敵を避けつつ、自軍兵士の糧食確保のため都市・農村を略奪する明軍の将兵等、明にとっての絶望的状況が記される。李自成軍は15年以降、襄陽で大順地方政権を樹立し河南・湖広の主要城市に足場を拡大していったが、その際前述したように戦闘無しでも陥落させていく戦術にも力を入れた。先掲の朱翊辯の内容にもあった「方に仁義に仮して以って人心を収拾せんとす」のごとく、間者（「細作」）等による政策宣伝を重視した。

　現代中国でもかつて農民政権の性格論争の一環として「均田免賦」のスローガンの内容とそれがどの程度まで実施されようとしたかについて論争された。均田を冠した「均田免賦」「均田赦賑」という表現

は査継佐『罪惟録』で三ヶ所使用されているのみで、『明史』等では「徭賦を免ず」とか「糧を納めず」に該当する内容であり、土地所有権の均等化の意味はない。このスローガンもどこまで具体化されたのか証明はさらに難しい。なおこの問題に関する論争については、佐藤旧著付編を参照されたい。

　こうした仁義の政治とその内容は、「李公子仁義の兵」として集約されて宣伝が広められた。この場合の李公子はもちろん李自成を指す。ところが『明史』流賊伝では「掠する所の財物を散じ、飢民を賑わし、民の餉を受くる者、（李）岩と（李）自成を弁ぜずして、雑に呼んで李公子我を活かせり」といい、仁義の政治とその中身の唱導は李岩なる人物であるという。この李公子像は、流賊的行動から都市の小商人・貧民をも含む広大な農民層を対象とする、政権樹立を視野に入れた要素を明確にした反乱の段階時期に出現した。そこで次に民衆が待ち望み、明朝を崩壊に導く上で大きな役割を果した李公子なる人物が誰なのか、長期にわたり政治・文学・戯曲等で語られ、現在でも未だ歴史的論争に決着のつかない興味ある難題を、時系列的に追いながら紹介し、考えていく一助としたい。

二　崇禎末、清代初期の李公子像

A　明朝倒壊時（崇禎17、順治元年、1644）の李公子原像

　現役官僚や郷紳層又は富裕層に属す、地域の有力な李姓の子息で郷里の輿望を担う呼称としての李公子なる人物は多数にのぼる。明末の流賊、特に李自成が大順政権を樹立する前後に現れ、主に江南に李公子と呼称され伝承された三例をあげる。

1．李公子＝李自成（『華夷変態』）
　後世の史書で記されたようなまとまった李自成伝がないこの時期、反乱中に伝承された断片的な李自成像は陝西延安府米脂県出身の「駅卒」・「馬夫」・「闖将」・「闖王」（高迎祥死後）等である。李岩烏有先生説をとる欒星等は、反乱に直接関係しない江南の同時代の知識人により、李自成は李公子・李岩・李延・李炎・李兗等と記され、いずれも彼の別称という。この立場に立つ論者の主張でも、なぜ李自成が李岩と呼称されたのか、又彼が李岩・「李公子」というイメージで最初から伝えられたのか、それとも反乱のある段階から「李公子」として伝承されるようになったのか明らかでない。
　この明朝倒壊前後、江南に伝えられた李公子＝李自成像の内容が『華夷変態』（日本の内閣文庫、現国立公文書館所蔵）中に保存されている。

同書は江戸の鎖国時代、長崎に入港した唐船のもたらす海外情報を唐通事に翻訳・調査させ、その内容が長崎奉行から幕府に送られた。幕府大学頭林春齋及び鳳岡父子は膨大な量となったそれらの文章の散逸を恐れ、延宝2年（康熙13年、1674）、まず崇禎17年（1644）以降の30年分を『華夷変態』第一巻として編纂・出版させた。この内、長崎から江戸に送られた最も早い文章は、明朝が滅びた年、正保元年（順治元年、1644）8月4日付の《大明兵乱伝聞》で、中国の商人によりもたらされた江南地方の風説・伝聞である。この内容は候文で書かれているが、現代語訳して紹介してみたい。

冒頭に

> 反乱の指導者李自成は生まれが陝西の延安府で、祖父は兵部尚書を経験し、父は李自成幼少の時期になくなりました。

とあるように、延安府出身の李自成は祖父が兵部尚書とされ、父は彼の幼少時期になくなった。彼の幼少・青年時代については何も触れられていない。28歳の崇禎7年（1634）、「万民百姓等」は

> 納税できず、そのため延安府米脂県役所は農民たちを逮捕したので、同情した李自成はこれらの農民達の滞納分の税額を銀で代納した。そのお陰で農民達は獄より釈放されました。

とあるように、飢饉のため納税できず獄中に捕らわれた農民を救った。ところが翌崇禎8年（1635）も、大飢饉に見舞われた米脂県で再び

> 米脂県役所より李自成に、前年李自成が農民の税を請け負って納入してくれたが、今年も同様に納入を請け負って欲しいとの要請がありました。しかし李自成は昨年、自分の判断で農民を気の毒に思って代わって銀納したが、今年は無理なので税の代納の件は

二　崇禎末、清代初期の李公子像　　　29

　　お断りしたいと言ったところ、県役所は李自成を捕らえ投獄しま
　　した。

のように、農民達に代わり税を納入して欲しいとの再度の要請を断っ
たため、投獄されることになった。これを知った農民たちは

　　いろいろと心配をいただいた上、我々をあわれんで銀を提供して
　　税を代納してくれた李自成を逮捕した県役所を恨み、李自成を奪
　　還して先の恩に答えようと相談がまとまりました。農民四、五百
　　人程集めて県役所を襲い、知県を殺し李自成を取り戻しましたが、
　　その後次々と人々が集まり多人数となりました。

のように、李自成に恩義を感じていた多数の米脂県の農民が、県役所
の襲撃と李自成奪還に参加し目的を成功させた。多人数となった李自
成等のその後の行動について、以下のように続く。

　　この時期は各地が飢饉に襲われ、方々で強盗が発生していたので、
　　盗人が方々から集まり李自成に従ったため大集団となり、山賊は
　　流賊となりました。そこで李自成を指導者として陝西の各都市を
　　攻め落とし、陝西一省を支配下に置くと一気に北京を攻撃しまし
　　た。

　このように李自成を首領とする米脂県農民集団に、飢饉のため盗賊
化した各地の小集団が参加して大集団となって流賊化し、李自成はそ
の指導者として陝西一省を落とし一気に北京を攻撃したと記す。

　以上の記事は最も早い李自成伝とも言うべき内容で、李岩烏有先生
説をとる欒星はこの史料を、李公子或いは李岩が李自成の別称である
とする、彼の主張の証拠となる最も古い「原始史料」という。後世に
なった李自成の伝記によると、ほとんどが彼の代には家が没落し、少

年時代には有力者の牧童となり、青年時代には駅卒となったが明の駅伝の縮小・廃止（「裁駅」）方針で失業し、その後幾つかの経緯を経て乱に加わっていく内容とは明らかに異なる。この順治元年（1644）8月4日付の《大明兵乱伝聞》には李自成＝李公子という表現はないが、『華夷変態』の同じ巻一の、翌正保２年（順治２年、1645）の項に、先掲と同題の《大明兵乱伝聞》があって、以下のような内容を伝えている。

　一．明の皇帝は崇禎といい、皇城は北京にあります。日本の寛永二一年（正保元年、崇禎17年、1644）三月十九日に、反乱の指導者李公子という者が北京を攻め取り、崇禎帝は自害なされました。このため、崇禎の武将呉三桂という者は明と韃靼の境界にある山海関の総兵官であったが、北京を攻略されたのを取り戻そうと韃靼人に援助を頼み、この年四月北京を取り戻し、李公子を追い払いました。李公子は山西へ引き払い、……

とあるように、ここでは李公子＝李自成の意味で使用されていることは明らかである。

以上の如く、順治元年（1644）、２年（1645）長崎より江戸に報告された二つの同題の《大明兵乱伝聞》から、主に江南で流伝していた李自成＝李公子の内容が日本に伝わった。この李公子像は彼が農民の滞納分の税を代納し、翌年再びこの問題をめぐり知県と対立して投獄され、農民に救済されて反乱に参加しその指導者になったと要約できよう。話の核心が農民の納税をめぐる県の地方官と農民との間のトラブルに特徴があり、こうした李自成の反乱参加に到る内容の史料は現在の中国には残存しておらず、この点で非常に貴重である。

2．李公子＝李岩（『新編勦闖通俗小説』）

　李公子が李自成でなく李岩を指すことを最も早く明言したのは、長編時事小説『新編勦闖通俗小説』（日本旧内閣文庫蔵、現国立公文所館蔵）である。同書は明末に現れた魏忠賢小説（宦官魏忠賢の顛末を批判的に叙述）を受けて、同時代の人が当時の大量の文献史料と伝聞に基づき、演義形式による長編時事小説の手法によって記述した。十回分に分けて明清交代の混乱を記述し、明朝再興と江南の秩序の再建のため、弘光帝（洛陽で李自成軍に殺害された福王の子、由崧）をいただく政権（1664年5月～1665年5月）に結集することを呼びかけた政治の書でもある。江南を中心に広範囲の地域で読まれ、すぐ再版された。作者は復社に加盟する匡社所属の生員龔雲起か又はその友人の生員と考えられ、出版は順治元年（崇禎17、弘光元、1644）8月初旬である（佐藤、2009）。

　次に李自成と区別された李公子＝李岩像とはいかなる内容を有していたであろうか。『新編勦闖通俗小説』は現在の所、李岩なる人物を紹介した最初で、しかも以後の史書に決定的な影響をあたえた内容を持つ。そこで以下、同書に描かれた李岩の人物像について紹介してみたい。彼に関する内容が全巻にちりばめられており、反乱との関係を時系列で整理してみることにする（以下の記述は佐藤、2001）。

　　《反乱に参加するまで》

　『新編勦闖通俗小説』（全十巻）の第一巻は「李公子民変聚義、闖踏天兵盛称王」と題され、李自成の乱に関する通史が述べられている。この第一巻は、李公子（李岩）が義により多くの杞県の民に支持されて民変を起こしたこと、兵力強勢の闖踏（塌）天が王を称したことが表題とされる。表題の後者は書かれている史実からいうと、闖王李自

成を指すが誤って闖踏（塌）天と表記されている。渾名闖塌天は劉国能を指し、生員の彼は崇禎3年（1630）李自成・張献忠等と共に陝西で蜂起したが、同11年（1638）総理熊文燦の招撫に応じ明将左良玉に属し、かつての仲間の流賊と戦うも、崇禎14年（1641）9月河南葉県の攻防戦で李自成軍に捕らえられ殺害された。「兵盛んにして王を称す」とは、崇禎9年（1636）闖王・高迎祥が犠牲になった後、闖将・李自成が闖王位を襲った史実が背景となっている。江南において、闖王と闖踏天の区別がつかなかったり、綽名に該当する人物を誤っていたりするのは、流賊の活動舞台が華北、特に河南・陝西・四川・山西方面での展開であったため、直接流賊の活動が及ばない江南には正確な情報が江南に伝わっていなかったためといえよう。

　李岩の出自について次のようにいう。

　　河南開封府杞県に一人の公子挙人があって、姓を李、名を巌といい、人となりは善を良くし義を好んだ。

とあるだけで、李岩の出身が開封府杞県の挙人で、第四巻に見られる弟の李牟と一緒に李自成軍に参加したと記述する以外、後の諸史料にある父は李精白等の家系・家族に関する記事は、全編を通じて一切見られない。

　続いて第一巻では、李公子＝李岩の反乱参加に関して次のように記す。連年の天災で米価が騰貴しているのに、知県は窮民を救済しないのみならず、日々厳しい税（「銭糧」）の取立てをするばかりであった。そこで李岩は見かねて県に陳情し、「暫く徴比を停めよ」「法を設けて賑済せよ」なる二項目の実施を要求した。知県はこれに対して、前者は軍事費用（「軍餉」）督促の文章が朝廷から次々に下されてくる中で

徴税を停止すれば知県自身が罰せられる、後者にいう賑済を実施しようとすれば税の一部を流用せざるを得ず、これは絶対出来ないことなので、当該の土地の有力者が私財を提供して郷里を救うしかないと答えた。らちがあかないので、李岩は自家の蔵から飯米を除く稲穀を属する里（「図」）に供給し、各家の人数に応じて分配したため、李岩の行動に対する称賛の声がまたたくまに広がった。恩恵に与れない別里（「別図」）では無頼達が次々に人を集め、里中の有力家（「富家・巨室」）の門前で李公子に倣って「粟を発して貧を救え」と騒ぎ出し、家を打ち壊すとか放火するとか脅す者も現れた。

　有力家は手持ちの食料を供出するつもりはなく、むしろ李岩が騒ぎの原因を作り出したとして、知県に農民に対し騒動を起こさないよう禁止命令を出すよう要求した。知県は有力家に出来るだけ彼らの保有する食料を出して自分の属する里を救済するようにと勧める一方、本心は李岩を恨んでいたので、碑文を書いて農民が速やかに解散し、今後賑済に名を借りて騒ぎを起こせば乱民として厳罰に処すると警告した。農民達はこれを見て騒ぎ出し、この告知板を打ち壊した。命からがら逃げ出した県の役人から私邸で報告を聞いた知県は、心中慌てふためき敢て役所に出仕しようとしなかった。その上密かに李岩を公舎に呼び、私宅に大量の穀物があるのなら官倉に入れ、賑済用の分配は県にまかせるようにと提言したが、李岩はそうすれば胥吏に横取りされてしまうし、ましてや自家の余剰だけで県の各里を救済できはしないと答えた。知県はさらに役所前で騒いでいる農民達を解散させる方法を問うた。これに対し李岩は暫く徴税を免除するとの布告を出し、その上で自分が彼らを説得しましょうと提言すると、知県はやむを得

ず、いわれるままに告示を出させた。李公子＝李岩は集まった大勢の人々に自分の郷里に引き上げ、自分が勧賑の文章を作って各里に伝えれば、有力家は賑済に応じるだろうからそれを待てと説得した。人々は李岩の要請をいれて、三日後、城隍廟での話し合いを約して散会した。

知県は李公子の一言で彼らが散会したのを見て羞恥が怒りに変わり、また三日後の集結を恐れ、文書を作成し按察使（「上台」）に訴え出た。そこでは挙人の李岩が家財を散じて衆心を買い、大勢を集め略奪を公言して不軌を謀ろうとしているので、反乱にならないうちにしかるべき処置を取るよう要求した。按察使はこれを信じ、李岩の逮捕と農民に解散を命じるよう、知県に指示した。これを受けて知県は李公子を捕らえ投獄した。

これを知ってまたたくまに集まった千人の杞県民衆（「県内衆百姓」）は、自分達を賑済しようとして投獄された李岩を救出すべく、夜半県役所に侵入して知県を殺害し、李岩を救出すると同時に他の獄衆も解放し、官倉の税（「銭糧」）を奪った。こうして開封府の隣にやってきていた闖王李自成の軍に、退路を断たれた李岩は杞県の先の民衆と一緒に参加することになった。

反乱に参加せざるを得ない状況に追い込まれた記述から、父親の状況は不明ながら李公子＝李岩はいまだ任官していないが、郷里の秩序維持に熱心で、知県との交渉を行い又知県から相談をもちかけられ、他の郷里の郷紳・富豪にも呼びかけうる立場にあった郷紳の一側面を見ることができる。結局賑済と納税問題をめぐり知県や他の郷紳と対立することになったが、『新編勧闖通俗小説』では、名家の正義派の

二 崇禎末、清代初期の李公子像　　35

子息(「公子」)というイメージで描かれる。

《反乱参加後の李岩》

　李自成軍参加後の李公子と呼称された李岩は、李自成軍武官の第二位の階級、制将軍に任じられ、李自成の政策参謀(「謀主」)となって、李自成軍に一定の方向をもたせるための様々な活動をするが、『新編勦闖通俗小説』第一巻によるとその内容はおよそ三項目にまとめられる。第一は「賢を尊び士に礼し」とあるように、強欲でなく節度を有する士大夫や現役の官僚(「在任の好官」)を活用し、民衆への暴力を禁止するとともに民衆を救済する軍とする。第二は民心の収拾を行う。自らの体験に基づき、天災・飢饉の連続にもかかわらず官吏による重い税の徴収と搾取に悩まされている農民等の民衆対策として、李自成軍が「仁義」の軍であり、その軍が至った時城門を開け投降すれば略奪せず、好官は用い「不肖の官」は民衆と共に排除し、すべての税は半減する。こうすれば軍事力を用いずして民衆は従う。第三は戦闘ごとに李岩は先頭(「前隊」)にたち、宣伝工作を担当した。李岩は腹心の部下を商人に変装させて李自成が「仁義の師、殺さず掠さず」と宣伝させ、またスローガンを創作して児童隊に「皆に衣食を充足させよう、城門を開き闖王を迎えよう。闖王が来れば税を納めないですむ」と歌わせ多大の効果をあげた。

《北京占領時》

　『新編勦闖通俗小説』には崇禎13年(1640)末、李岩が李自成集団に参加後、具体的に各地域でどのような活動を行っていたかを伝える記述はほとんどなく、多くが北京占領時期の活動に集中している。第四巻では次のように記される。明朝が滅びた崇禎17年(1644)3月19

日以降、大順軍の主要武将は、旧明朝の勲戚（爵位家・皇后家）の邸宅に分拠した。制将軍李岩は周府（崇禎帝の皇后周氏の父嘉定伯周奎の邸宅）により、田府（田貴妃の父田弘遇の邸宅）による李自成軍の最高軍官位にある劉宗敏等とともに、旧明の百官を分置して取調べや刑罰の執行、彼らから軍餉の徴発（「追贓充餉」）を行った。有力将軍指揮下の兵士は北京市内に進駐して「横行惨虐」していたのに対し、李岩と弟の李牟は配下の兵馬三千をして「声色を喜ばず」「倶に城外に屯紮」せしめた。李岩は通常直属の護衛の兵士（「家丁」）3、40名を連れていたが、市民に対し事件をおこさせなかった。北京の民間の様子を自ら確かめ、翌日には問題の解決をはかった。北京の人々は、他の大順軍将軍支配下の兵士から被害を受ける者が多かったので、人々はその公明さを頼って李岩に訴えでた。李岩は以前と同様に、李自成に「将士」の掠奪を禁止し民力を伸して「人心を収めよ」と提言するが、李自成は「毫も意に介さ」なかった。李岩は民衆の支持を得るために、一定の秩序をもって北京を掌握し大順国を建設すべしという提言が、李自成に受け入れられなかったという記述は第五巻にも見られる。

　当時の大順政権は李自成に従わない山海関の守将、総兵官呉三桂に対する東征の準備と、軍餉確保のため漕運路が通る山東から江北一帯を押さえるために、一部の大順軍と大順政権地方官の派遣に忙殺される一方、北京では宰相牛金星以下、明の降官を含めた文官が盛んに勧進を行い、李自成の即位を促していた。丁度その時期（順治元年〈崇禎17年、1644〉4月9日頃）、李岩は「一統の基」を創るための諫言を含む四項目の提言をなした。その一は「登極大礼」等の儀式の準備を万事怠りなく行うこと。第二は文官からの「追贓」は攻防戦で死亡し

た家を除き、「貪名者」・「抗命不降者」・「清廉者」に分類して各々に対処し、一律に扱わない。第三に各衛の兵馬を城外に退去させ、城寨の守備と出征に備え、民房を占拠（「借駐」）して民の信用（「民望」）を失ってはならない。第四では即位を早くして、なるべく戦闘に依らず、崇禎帝の自害に対して復讐に燃える呉三桂を招撫し、彼ら父子を侯爵に封じる。旧明の皇太子は大国に封じ、宗廟の奉仕をさせ、代々朝貢させる。李自成（「闖賊」）はこれらの提言を見て気分を害し、ただ「わかった（知道了）」と三文字で決済したのみで、ついに実行に移さなかった。この要約からわかるように、従来からの一貫した原則に基づく李岩の提言は、この時期の李自成等首脳には持て余し気味であった。

李岩も李自成の方針に従い、旧明の支配層に対し査問や刑罰の執行、軍餉の徴発を実施したことは先に紹介したが、武将の最高位にある劉宗敏が徹底した厳罰主義で臨んだのに対し、李岩はやや異なる対応をなした。崇禎帝に殉じた公正で清廉な人柄により信望の厚かった杞県出身の郷紳劉理順に対しては、地元の杞県では多くの人々が彼の徳恩を蒙っていたので、李岩もこれに報いようと配下の兵士をおくり保護しようとしたり（第三巻）、同じく河南開封府祥符県出身の張太后（天啓帝皇后）を自宅に送り届け、自決の道（「縊死」）を選ばせた（第五巻）。以上は郷里での郷紳としてのあり方や前皇后の名誉を勘案した李岩の選択である。

先述した軍事費の獲得のため、文官に対する強制徴収（「追贓充餉」）はきちんとした区分で行うよう提起していたが、いわゆる「貪名者」に対しては自ら厳しい対応をなした。李岩が拠った嘉定伯邸の主人・

周奎については、幽閉して拷問を加え、莫大な財産を供出させた（第五巻）。河南の恩生官（特別な恩遇による官学生）周謀は、妻の父（挙人）が明の滅亡に憤り死亡したため、その子が納棺と埋葬の費用をもとめたところ周謀はそれを断ったが、一方では仕官を求めて李自成軍の有力将軍（「王旗鼓」）に賄賂を贈った。この情報を耳にした李岩は同じ周奎邸で、捕らえた周謀に拷問を加え３日で死に至らせしめた（第五巻）。

　北京入城後も李岩は有力な将軍の一人（制将軍）であることには変わりなかったが、かつて破竹の勢いで北京に向けて進軍した時期の李岩の李自成軍における積極的役割は後退し、大順国の本格的建国の段階においては、権力の中枢をになった牛金星や武将の軸である劉宗敏等と比較するとその役割は低下した。北京城に進駐した李自成軍将卒の略奪・姦淫等の行動は市民にとってはもはや仁義の軍隊とはいえず、なんとか秩序のある軍の行動と市民の支持を得ようとする李岩の提言は、李自成軍の首脳から疎んじられるようになっていた。

　《李岩の死》

　呉三桂・清連合軍に敗れ北京に戻った李自成は、順治元年（1644）４月29日大順皇帝即位の式典終了後、翌30日直ちに北京を脱出し西安を目指し西方に向かった。５月２日、真定府定州の戦闘で有力将軍谷大成が斬られ、祖光先も重傷を負い、さらに同月４日には李自成も射られて瀕死の重傷を負った。敗れて山西へと西進する途次、「衆心は離散」し李自成軍の士気が次第に衰えつつある中で、首脳部内の対立も顕在化するようになった。第六巻では特に制将軍李岩と丞相牛金星との間で議論が対立するようになり、参謀の占い師宋献策も「我が主

公は馬上の天子で、富貴も後三年であろう」と予言し、また北京が破られたのも「天意」であるとさえいった。第十巻では李自成が瀕死の重傷のまま意識の戻らない情況下、首脳部の厳しい対立が記述される。

　武将の最高位にある劉宗敏と文官の最高位の牛金星の両者が李自成以後の権力掌握をねらって対立する様子を描き、一方で牛金星は「軍心」を得ている李岩に敵意を抱いていた。李岩・李牟兄弟と参謀の宋献策は情勢分析を含めた考え方が一致して、ますます親交を深めていった。宋献策は前日の夜の天象を見たところ、「王気」が中州に現れており、かつて反乱に参加する際李自成に献じた「十八孩兒大貴に當る」の語は、李岩に該当するとまでいい、李岩もその意を了解したという。

　5月8日頃、李自成は意識を取り戻した。丁度この頃、河南帰徳府の大順地方政権の管河同知と知県六名が、南明の弘光政権の「分守睢陽参将」丁啓光（旧明の元の兵部尚書丁啓睿の弟）により一斉に逮捕された。この事態に危機感をつのらせた李岩は李自成に、二万の兵を借り南明に奪還された自身の出身地である河南各府県を回復したいと申し出た。李自成は李岩の意図について牛金星に問うたところ、彼は故意にいう通りに行かせるのが良いと答え李自成の様子を伺った。案の定その夜、李自成は牛金星を呼び、李岩は元々才知と勇気に優れており、兵を与えて行かせたら統制に服さなくなる危険性を問うた。牛金星はここぞとばかりに、李岩が「叛心」を抱いてから久しく、命令もないのに兵を借りて河南に行きたいというのは、李自成のことは眼中になく自ら覇者たらんとする意図をもっているとたきつけた。相談の結果牛金星の計画に基づき、翌日李岩兄弟の送別の宴を開くとの名目で呼び出し、その席上壮士に二人を暗殺させた。

李自成は暗殺の成功の報を得て「心中始めて安」じたが、参謀宋献策からこの話を聞いた劉宗敏は、李岩兄弟が軍中でいかに重要な位置を占めていたかをいい、「今は武を用いる際に当た」る重要な時期なのに、つまらぬ策謀をめぐらしこうした事態を招いた牛金星に対する激しい怒りを露にした。『新編勦闖通俗小説』第十巻のこの箇所に続けて

> ここから賊中の諸将は各々異志をいだき、軍士は皆気持ちが離れ叛を思うようになった。

といい、李岩兄弟の死が李自成集団の結束に致命的な打撃を与えたという。

『新編勦闖通俗小説』の記述中、旧明の支配層が李岩をどのように認識していたかについては、二箇所に見られる。まず第九巻には次のように記される。順治元年（1644）4月末より謝陞（前内閣大学士。行動の中心は弟の生員謝升）等が大順地方政権から山東の徳州奪還を謀る活動を始めていた（佐藤、2005）。謝陞との会話中に、彼の参謀である千戸賈飛の言葉として、李自成軍の参謀李岩が「原と儒流の出身」で、「人心を収拾」するためには「仁に仮して義に仮」すことを李自成に教え、様々なスローガンを書いたのもすべて李岩であるといい、参謀の良し悪しがいかに重要であるかを強調している。第十巻には李岩が殺害されたという情報を得た平西王呉三桂は大喜びし、以下のように述べた。李岩は文士ではあるが軍事についても「方略」があり、ほとんどのスローガンの提起や崇禎帝が滅びる道筋は彼の手から出ており、したがって皆が「李公子有るを知」っており、その李岩の死亡で明を悩ませた元凶を取り除けたと。

二　崇禎末、清代初期の李公子像　　41

　明倒壊後まもなく出版された『新編勦闖通俗小説』に描かれた李公子＝李岩は、明末華北の農民を困窮させた最重要課題であった、郷里における徴税の苛を一時的に停止し、賑済を通して小農民の離脱を防ごうとしたが、結果として知県や他の郷紳と対立する正義派の郷紳、あるいはその子息として描かれる。李自成軍参謀としての活動も、流賊の発展期に照応した政権樹立を射程に入れた仁義に基づく規律と秩序の建設を強調し、民衆への公正な視点と支配層への理に則った区分による対応を提言する等、言動における一貫した姿勢が強調される。

3．李公子＝李栩（順治『潁州志』）

　崇禎年代、李公子と郷里でいわれていた人物に、李精白の子李栩がいる（以下の記述は佐藤、2003論文による）。まず、順治11年（1654）序刊順治『潁州志』を軸にのべてみたい。同志は順治初年、国史編纂の参考にするために清廷が全国の地方志の収集をさせたた際、潁州志を欠いていたので順治7年（1653）、知州孫可成の責任のもとで編纂された。皇帝の御覧に供する目的なのでかなり真剣に編纂された（『阜陽地区志』1996、方志出版社、附録）。同書巻13の李精白伝によると、彼は万暦41年（1613）の進士で、山東の知県を歴任した後中央で給事中を経て簽都御史をもって山東を巡撫し、その後兵部尚書・戸部尚書に進んだという。なお『明史』巻112七卿年表2には李精白が六部の尚書に就任した事実を検証できない。順治『潁州志』巻13名賢伝にある李精白伝、及び後の各史書のいう李精白＝兵部尚書は実職でなく、崇禎年、彼が山東巡撫をやめる時に「加衡」されたものである。順治『潁州志』巻11・17上には、崇禎元年（1628）3月、李精白に「兵部

尚書簽右副都御史」が贈られたとある点からも首肯できよう。なお山東巡撫時代、魏忠賢全盛期の天啓7年（1627）、彼の生祠を建立した一人として、崇禎初年、魏忠賢奄党として処分され失脚した。そのため後の史書や当該地方誌には独立した李精白の伝は見られないが、この順治『潁州志』の伝では李精白が郷里において清貧な生活を送り、郷里の利害の為にはその立場から的確に問題を処理したので「軍民之に頼る」と記し、潁州内の有力郷紳の側面を伝える唯一の書で、後の地元地方誌はこうした叙述を消去している。又山東の知県、巡撫時代の治績を評価した記事が山東の地方志に散見される。

李精白は後述するごとく、南直隷鳳陽府属の潁州の人（「潁川衛の軍籍」）である。李精白には二人の男子と一人の娘計三人の子がいた。男子の二人の内長男は初名を麟孫といい、次男を鶴孫といった。次男は崇禎8年（1635）、流賊が潁州を襲う以前に死亡している。ここで問題となるのは、長男の麟孫である。以下の彼に関する記述は、順治11年（1654）序刊行『潁州志』巻14李栩伝による。同州志には李精白伝と同様、以後の同地域の地方志（『潁州府志』、『阜陽県志』）中の李栩伝にない貴重な内容が記述されている。彼は生員から崇禎の初め貢生となり、明の国立大学ともいうべき太学に入学したが父の死亡により、帰郷し喪に服していた。丁度その時、西方の流賊の主力部隊が初めて河南東部から南直隷鳳陽府を襲った際、その一部の部隊が潁州を攻撃した。ほとんど戦闘の経験も準備もない同州は、最大限の抵抗を行ったが、85歳の天啓時代の兵部尚書・張鶴鳴をはじめとした紳士や州衙門の官僚（知州尹夢鰲等）、武臣や潁州衛兵・潁州衛学生員、老百姓等多数が死亡し、壊滅的打撃を受けた。この時の李栩の行動について、

二　崇禎末、清代初期の李公子像

順治『潁州志』巻14李栩では、次のようにいう。

> 李栩は字邇邇、潁の諸生にして、戸部尚書精白の子なり。崇禎初、貢もて太学に入る。科名を以って奮せんと思うも、丁父憂もて家居す。八年賊潁を囲み、（李）羽戦守を策して皆中るも、当時者と輒(ことごとく)に相左し、潁は必ず破れんと料る。念うて曰うに、先大夫は子二人有るも、今弟は死せり、我死せば又孰か継がん、計を以って逸去せんと。賊既に城を屠し、人は**李公子死せり**と謂う。月を踰えて山東従り数騎を策して来るに、魅齠跗注す。一城皆驚喜し、相に諸の避難・遠竄者を招集し、始めて稍(ようや)く帰り、城市（李）羽に依って団聚す。（太字は筆者）

このように順治11年（1654）序刊本『潁州志』では、郷紳李精白の子李栩は潁州の有力者の一人で、城内の人々から慕われ頼りにされていたことを伝える。突如襲ってきた崇禎8年（1635）の流賊への対応をめぐり、李栩は州の支配権を掌握する「当事者」と意見の齟齬があり、彼らの指揮下では潁州城が確実に陥落するとの見通し及び家督の相続者が自分一人であることに鑑み、ひとまず潁州城を脱出し山東（父親の故郷？）へ避難した。落城後、李栩が不明であったので、人々は「李公子は死せり」といいあった。しかし翌2月に帰郷した彼を見て、生き残った城内の人々は「皆驚喜した」という。このように事件以前から、潁州の人々は郷紳李精白の子李栩を、「李公子」と尊称していた。

李公子＝李栩は帰郷後、壊滅的な打撃を受けた潁州及びその防御体制再建の中心となって活動し、その手腕は明の巡撫や総兵官から注目され、一方で彼の組織した軍団はまもなく明の正規の軍として、解体

しつつある衛所制を補充する。この経過についてさらに続けて順治『潁州志』を見よう。彼は軍事に関する「智と勇」に自信があり、財産を投げ打って郷里の防衛を担う「壮丁」300人を募集し、自ら「坐を作して撃刺す」等の武術を教え一騎当千の兵士に鍛えあげた。こうした状況を見た兵備道の謝肇玄が対流賊戦における彼の戦略と戦術に「将の才」があることに注目した。8年（1635）9月二度にわたる流賊の来襲を防ぐとともに、伏兵を設けて大勝利を得、捕獲した「賊首」白虎神・闖塌天等を彼の軍団に加えた。

　巡撫・按察使も各々李栩の才能を皇帝に推薦し、その結果適宜その才能を登用せよとの皇帝の命を受けた。もとより李栩は「一隊の任に当たるを得て諸賊奴を殺すを願う」というように、自身の武装力を正規の明軍の中に組み込んで活動したいと願っていた。督撫の朱大典は彼と面接し、李栩に「都司」（戦時に組織される軍隊〈営〉の軍官は、下から百総・把総・千総・提調・守備・都司として組織され、都司は最高位）職を与えて軍を訓練させ、併せて自軍の兵餉調達権を与えた。地元の防衛勢力が解体しつつある明の衛所制を補充するために組み込まれ、こうして貢生出身の都司が誕生した。彼は「東西の丁を募り軍を成し、精鋭と号す」の如く、配下の軍を拡大した。

　この軍を指揮して10年（1635）8月、再び潁州城を襲った流賊と戦い、著しい勝利の成果を挙げた李栩の活動が中央に報告され、この結果彼は都司から武官「参将」（明代の武官編成は上から総兵・副総兵・参将・游撃である）に昇進した。この頃から潁州城の守りが万全となり、「羽の威名は亦、四（方）に著われ、賊は相戒めて敢て近づかず」という状況が出現した。李栩軍には続々「逃賊・叛将」いわれるように、

二 崇禎末、清代初期の李公子像　　45

流賊側からも明軍側からも参加者が増大していった。明軍の一翼で活躍する李栩軍は、崇禎15年（1642）9月、李栩が殺害されるまで、黄河流域の陥落を防ぎ淮北・淮南の両淮地域の安定が保たれたが、これは李栩の功績によるところが大であった。特に11年（1638）頃から鳳陽総兵官として両淮・安徽・河南等で流賊と対し、著しい成果をあげる猛将で後、明朝より靖南侯に封じられた黄得功は、遠征で穎州を通過する度に、李栩の皇帝への忠誠と郷里の熱心な保護という「忠義」に感銘を受け、最大限、李栩の軍と提携した。

　李栩の最後はあっけないものであった。河南の一土賊から河南東部〜江蘇西部にかけて流動し、「中寇」の流賊に拡大した袁時中に殺害された（佐藤旧著、1985、第一章二節）。袁時中は時には張献忠或いは李自成と協調しつつ地盤の維持につとめていたが、張献忠・李自成との矛盾が深まると、明軍にも「偽降」した。特に15年（1642）4月から閏11月にかけては、李自成とは敵対性の矛盾を有したため李自成から攻撃を受け、ために劣勢となった袁時中は明への投降を考え保定総督楊文岳と招撫の交渉をするも決裂したため、9月には李栩に投降した。しかし同月、長期にわたり続いた中原の要、開封が攻防戦の最中、黄河の決壊によって落城すると、流賊は張献忠・李自成の勢力に二分され、当該地域の流賊は李自成に統合されていく。袁時中は開封陥落の情報を得ると自己の勢力を維持するために、再度自立する道を選択しようとした。その李栩軍から離脱する行動を起こす直前、袁時中と行動を共にする「狡賊」李奎は、かつて李栩に投降する以前、部下多数が李栩に殺害されたのを恨んでいたが、この離脱の機会を捉えて彼に復讐しようと考え、袁時中をたきつけて李栩は信用できないといい、

二人で計って李栩を営に呼び出した。潁州の人で「善く天文を談ずる」参謀の一人、曹永鼎の強い反対にもかかわらず、豪胆な李栩は袁時中の営に入りそこで殺害された。

　李栩に対して、当時以下のような興味深い呼称がなされていた。先述したように崇禎10年（1637）、潁州衛都司職を得た李栩は、南直隷の鳳陽府・廬州府・安慶府から河南・湖広東部境界地域を流動する左金王・革裏眼等五衛の攻撃を撃退し、大勝利を博した。周辺の流賊は「是れ自り胆落し、呼んで**李闖子の兵と為**」（太字は佐藤）した。このように李栩には士大夫の側面と、武に通じしかも組織力にも優れ、日常的には食客を養う土豪的側面も有していた。

　李栩の名は江南にも知れ渡っていた。明最後の皇帝崇禎帝は、滅びゆく王朝支配再生の一環として、武科挙関連者からも文官の登用を試みた。そうした雰囲気の中で、崇禎９年（1636）４月、武生李璡が差し迫った軍餉は疲弊した民衆から追徴するのでなく、現状の財産を報告させて巨室・富家（「縉紳・豪右」）から「籍没」すべきであることを上奏した。これに対し閣臣銭士升が、富家こそが「小民」と国家の拠り所であり、もしこうした籍没を認めたなら「無頼亡命の徒」が民を率いて、「縉紳・豪右・富商・大賈」を攻撃して彼らを窮民化させ、ますます流賊を活発化させてしまうと反論し、李璡の逮捕を要求した（『啓禎両朝條款』）。閣臣温体仁の反対で李璡は逮捕を免れたが、銭士升は敗れて帰郷した。富家こそ自費を投じて郷村を救済し地域防衛の要であると主張する、銭士升の立論の典型事例として挙げられたのが、潁州士民李栩であった。

　以上の如く李精白の子李栩は李公子・李闖子と呼ばれ、攻勢を強め

る流賊に対抗するため私財を投じて郷里防衛の先頭に立った。彼の著しい軍事的才能が評価され軍団は明軍に編入され、李栩自身は都司から参将に昇進した。順治『潁州志』巻14の李栩伝は、流賊との戦闘方法をめぐって州の支配者の主流と対立があったことが述べられているが、これが従前からの離齬か、崇禎8年（1635）に生じたのかは不明である。以後に編纂された地方志はこうした内容について一切触れることはなく記述から削除されたが、清末に刊行された文集にはこの州志が参照され、父李精白が奄党として処分されたため、士大夫から相手にされなくなった李栩自ら父の名誉を挽回しようとする意図を持って、郷里の危機を救おうとしたことが述べられている。したがって李栩は奄党の子息として、潁州の支配層との間に一定の矛盾があったと考えられる。

4．三人の李公子像の異同

　崇禎17年前後、主に江南を中心に、流賊との関連で李公子と呼称される三人の人物像について見てきたが、次に各々の異同について比較検討しておこう。三人の李公子の出身・家の状況ついては、李自成が陝西省（明代では省をつけないが、清代以降の呼称に従い陝西省とする。以下同じ）延安府米脂県、祖父が兵部尚書、父は幼少の時期に死亡したという。李岩は河南省開封府杞県、挙人で公子と呼ばれ、一緒に李自成集団に参加した弟李牟以外に、家族関係や家の状況を示す記載はない。李栩（初名麟孫）は清代の安徽省（明代は南直隷に属す）鳳陽府潁州の人であるが、明代、家は河南都指揮使司に所属する潁川衛の軍戸であった。順治『潁州志』の伝は、李精白が天啓時代、僉都御史とし

て山東を巡撫し、さらに兵部尚書に進み、ついで戸部尚書を勤めたと記す。崇禎初年、魏忠賢党として処分され故郷に帰省した。李栩自身は生員の身分で弟は崇禎8年（1635）以前に死亡していた。三人の李公子の出身は米脂県、杞県、潁州（潁川衛）と異なるが、伝承上では李自成も李栩と同様、祖父と父親の違いはあるものの兵部尚書を輩出したとする点で近似する。李自成には生家が祖父の代に里長を担当しこの地域ではかつて富有戸であったとの説（鄒漪『明季遺聞』）等もあるが、科挙の関わりを示す史実はなく父親の代には家は没落している。伝承のみの内容からいえば『華夷変態』の伝える内容は、『新編勦闖通俗小説』の挙人李岩、『潁州志』の諸生李栩と共に、三人とも郷里における郷紳の子息を連想させる。李公子が流賊に参加する原因と経過について、細部に多少の違いがあるものの、李自成と李岩は連続する飢饉で支払が滞り県役所から納税の矢のような催促を受けていた郷里の農民の救済をめぐって知県と対立し、その結果投獄された李公子に恩義を感じた農民が獄を破り李公子の救出に成功した際、知県を殺害したため、行き場のなくなった李公子と農民・飢民等が共に乱に参加する内容は共通する。但し李栩の場合は、前二者とは全く逆で、流賊に対抗して故郷の潁州を守るため、私財を投入してまで郷兵の中核部隊を結成して流賊掃蕩に著しい成果をあげ、この地の有力な軍事集団となって衰退する明軍に組み込まれた。彼の指揮下の部隊はその勇猛さから「李闖子の兵」と称された。李自成軍に参加することになった李岩とは正反対の、流賊に対抗して支配の側に立つ李公子と称された李栩が、流賊に投じたとされる李岩と混同されて伝承されたのは第二章Bで紹介するように、李岩の父親が李精白と記述されたためである。

B　清代初期の李公子＝李岩像の展開

1.『定鼎奇聞』と『樵史通俗演義』

　清初の長編時事小説『新編勦闖通俗小説』と『定鼎奇聞』・『樵史通俗演義』を三部通俗小説という。いずれも明末に出現した演義形式による同時代の人が同時代の事件・人物を論じる長編時事小説の形式を踏襲する。『定鼎奇聞』は別に『新世弘勳』、『順治皇過江全伝』等とも呼ばれ、順治8年（1651）作者不詳、蓬蒿子名の編で刊行された。同書は『新編勦闖通俗小説』の内容を受け継ぎ、一般受けする演義形式の22回本小説に仕立てあげた。第一回題名を「閻羅王冥司勘獄　玉清帝金闕朝」の如くいい、万暦時代末期の地上（「中界」）の混乱に対し天上（「上界」）の主催者・玉清上帝は様々な道教の神々を地上に送り、崇禎年代には流賊討伐の協力及び明崩壊期には清朝による中国統一に協力し、成功させる（「華夷一統」、22回）。満洲族による清の統一を肯定している上に、李岩烏有先生説を採る史家からは、史実もでたらめで李岩を創造・拡大し伝承させた反動小説として特に評判が悪い。計六奇は『明季北略』巻23に補遺としてこの『定鼎奇聞』の主要な内容を引用したが、その前文に「兵戈は只だ災荒の為に起こり、離反は皆徴税の煩に因る」と記し、明の滅びる客観的原因としてとらえている。

　さて李岩についてであるが、本書は『新編勦闖通俗小説』の内容によりながら、その内容をさらに歴史的事項の如く仕上げている。先述したように『新編勦闖通俗小説』では李岩の父親についての記載は何もなかったが、『定鼎奇聞』では名前等は不詳であるが李尚書の子と

する。又李岩から飢民の暴動を抑えるために暫時税の徴収を停止するよう説得された知県が、不承不承受け入れ停徴令を出した年月を崇禎9年（1636）7月とし、その具体的内容とこれとセットで杞県内の富裕戸に救済を呼びかけた「勧賑歌」の具体的詳細な内容も記す（第5回）。さらに李自成軍に参加した李岩と李自成との初対面の「具体的」な模様が、長文で描かれている等である（第6回）。これらの内容は作者の創作の可能性が強い。

　『樵史通俗演義』40回は、天啓帝即位から太監魏忠賢の専横、李自成の乱、呉三桂の要請と清軍の入関、南明弘光朝の滅亡までの25年間にわたる史実を演義形式による長編時事小説として刊行された。この『樵史通俗演義』中には、『新編勦闖通俗小説』の記述する流賊史及び順治元年前半の山東から江南にかけて生起した史実が整理されて組み込まれている。李自成関係は21回からで、その内李岩関連の記事は29回、30回、32回の三回のみである。したがって三部小説の中では李岩烏有先生説をとる現代の史家、顧誠・欒星等も、史実が整理され架空の内容がある程度削除された点に一定の評価を与える。作者は長い間不詳とされていたが、1981年王春瑜によって松江府青浦県の人、陸応陽であることが明らかにされた（王春瑜著書、1988）。彼は若くして県学の学生となったが、事実関係は不明であるが何らかの事件に巻き込まれ、科挙を通して出世する道を諦めた。しかし詩文の才があり地元の名士からも一目を置かれた。王春瑜は彼が嘉靖37年（1558）ごろの生まれで、順治初年に86歳前後で死去したと推定する。

　現在では存在せず閲覧不可能な書物も含めた、天啓から崇禎年代の歴史を記した『頌天臚筆』、『酌中志略』、『寇営紀略』、『甲申紀事』を

二　崇禎末、清代初期の李公子像

全編で参照し、李自成等の流賊の叙述に関しても、現在では所在不明の『異同補』を軸に『新編勦闖通俗小説』・『定鼎奇聞』、水滸伝等を参照している。注目すべきは『新編勦闖通俗小説』・『定鼎奇聞』の事実関係について一定の批判と修正を加えていることである。第26回では李自成の出身や流賊に加わる状況を述べているがその文末に評として、本回のような内容は演義小説だからといっていいかげんに見てはならず、「後来の修史者は一証佐と為すべし」という文言を加えている。明らかに『明史』編纂の参考に供することを意識している。事実『清実録』康熙4年10月乙巳の条に、山東道御史顧如華は『明史』編纂に不足している天啓以降の事跡の確定のために参照すべき書物として、東林派攻撃のための顧秉謙・馮銓等による勅撰の政書『三朝要典』、崇禎初年に東林派人士の文章を集め伝記を附した蔡士順『同時尚論録』、沈国元撰『両朝従信録』等とともに『樵史通俗演義』を挙げている。

　『樵史通俗演義』の刊行は、著書中で『定鼎奇聞』の内容を批判している記述から見て、順治8年（1651）以降と考えられる。李公子問題に関して、三部小説の他の二著との関連はいかがであろうか。「公子挙人」の李岩が、杞県の農民問題をめぐり知県・郷紳等の支配層と対立し退路を絶たれて、やむをえず流賊・李自成集団に参加、その後李自成軍が民衆の支持を得て仁義に基づく政権づくりの方向を打ち出す方向に大きな影響を与えたが、北京占領以後も、従来と同じ主張を続ける李岩・李牟兄弟と李自成首脳部との実践方針に齟齬をきたし、呉三桂・清連合軍に破られ劣勢に転じ西安に向け移動中の山西で、牛金星の計略で李岩兄弟が殺害される。この筋書きは『新編勦闖通俗小説』・『定鼎奇聞』を継承している。ただ細部について見るといくつか

の内容が新たに加えられている。父親について『新編勦闖通俗小説』では何ら触れることはなかったが、『定鼎奇聞』では「李尚書」とし、『樵史通俗演義』巻29では進士出身の六部の官僚（「父は甲科の部属」）といい、それゆえに人々は李岩を李公子と尊称したという。又同書同巻では文武に秀でる李岩の気性と彼の家について、

　　家私富厚にして、性気粗豪、大約財を軽んじ義を重んずるは、是れ三代以下、好名の人なり。

の如く、家は豊かな地主であるが、彼の性格は豪放磊落で、正義に反する状況には怒りを発し、私財を惜しげもなく供出した。こうした郷里での評判は、祖父以来の伝統であったという。

　郷里の農民救済をめぐって他の支配層や知県と対立し、その結果投獄された李岩を農民たちが救済した際、殺した知県の姓を宋と『樵史通俗演義』巻29が初めていい、『明季北略』等に採用され広まった。又『明季北略』巻13では、李岩の挙人合格の歳を牛金星と同じ天啓7年（1627）とするが、杞県の合格者内にその名は見出せない。

　ところで「李公子は仁義の師」、或いは衣食を満足させ税を免除してくれると宣伝され、人々が早くやってきて欲しいと心待ちする李公子は、一般には李自成と信じられている風潮に対して、『新編勦闖通俗小説』巻1では

　　民間は李公子就ち是れ闖王と認むるも、其の両人為るを知らず。

といい、こうした宣伝の担当者は李自成と別人の李岩であることを強調する。『定鼎奇聞』第6回には

　　只だ是れ愚民は李公子就ち是れ闖王と認むるも、却って是れ一正一副たるを暁得せず。

二　崇禎末、清代初期の李公子像　　53

といい、『樵史通俗演義』第29回では

> **李岩**は先に心腹を遣わして商賈に扮作し、四散伝布して説くに、**李闖王**は仁義之師、殺さず掠さずと。又口号を編成し、----各州県愚民信じて実然と為す。惟だ**李闖王**来たらずを恐れ、風を望んで投降す。（太字は筆者）

の如く、前二著が一般には李公子の呼称は李自成を指しているが、実際に伝聞の内容の実施者、李公子は李岩であると強調していたのに対し、『樵史通俗演義』は李公子という名称を削除し、李自成（李闖王）と李岩を明確に区分して李公子に含まれる二人の連想の曖昧さを整理した。

　無錫県興道郷の人、諸生の計六奇は、『明季北略』と『明季南略』の両著を康熙10年（1671）に完成させた。前著は万暦23年（1595）、ヌルハチの東北生起から明の滅亡までの過程を、後著で南明政権の成立から永暦政権の滅亡（1661）・洪承疇の死（1665）を叙述した。天啓2年（1622）生まれの彼は明朝滅亡の1644年は23歳であった。清初二度の郷試受験失敗の後、康熙4年（1665）から11年間（33歳〜44歳）、家庭教師で糊口をしのぎながら史料を収集するのみならず、郷里を離れて大江南北を旅し、各地の遺聞や古老の話も広く収集した。『明季北略』記事の中には、先の三部小説の内容を引用しているが、同書巻13「李岩、自成に帰す」は先の『樵史通俗演義』第29回を引用後、李公子＝李岩に関して自身の体験から以下の見解を述べる。

> 予は幼時、賊信の急なるを聞く、咸な李公子乱すと云い、而して李自成有るを知らず。（李）自成京に入るに及ぶも、世猶お即ち李公子と疑い、而して李公子は乃ち李岩なるを知らざるごとき

也。故に詳しく之に誌す。

崇禎末、李自成軍が強勢となった時期、江南の無錫県ではその乱の指導者が李公子として伝聞され、人々はこの乱の指導者が李自成であることも、李公子が李岩であることも知らなかった。自身の経験に基づき、自信をもって『樵史通俗演義』の見解を支持している。

李公子が誰か不明のまま人々の期待をこめて伝聞されている例として、李岩烏有先生説をとる現代の急先鋒者の一人、欒星が少年時代、故郷の河南府孟津県で古老の族長から聞かされた故事を紹介している。以下でその大意を意訳してみよう（欒星著書、1997、p.168〜169）。

> 崇禎帝が天下を治めている頃、李公子が反乱し、河南府を占領して崇禎帝の叔父を殺した。隣の偃師県邙嶺にある藍荘に住む姓が藍なる者がいて、家も仕事もなかったが、腕力だけは人並みはずれたものがあり、粉引き用の大きな石臼を持ち上げて木の杈間に運ぶことができた。生まれつき夜物が見える目（「夜眼」）をもち、嶺を越え山坂を這い上がるのもまるで平地を行くが如くであった。性格が怒りっぽかったので、誰も彼を雇用しようとしなかった。彼が夜番すると豚・羊を生きたまま皮を剥いでしまい、その食べる量はおおよそ一人であぶった雌犬一頭ぐらい平気であった。周囲数十里内では、夜になると彼を防ぎようがなく、人々は彼を「黒老猫」（孟津県の土語・方言）と称した。李公子が反乱して偃師県にやってきた時、彼は李公子に投じ、河南府攻略に参加し、夜番を担当した際、崇禎帝の叔父・福王を捕まえた。

欒星はこの河南省西部に伝わる伝聞故事について次のようにいう。話を聴取した老人は李自成の存在をしらず、ただ反して洛陽を破った

のが李公子であることを知っていたにすぎない。調査した豫西の他の地域の民間伝説でも、たいてい李公子の反するを知るのみで李自成の乱であることを知らない。氏はこの河南省西部の事例も、李自成が李公子と称されたもので、李公子＝李岩説を否定する有力な証左の一つであるとする。

著者佐藤はこの事例を流賊としての李自成軍がその性格を転換していく契機となった、崇禎14年（1641）1月の河南府の附郭洛陽県攻略、なかんずく万暦後半以降の政治的課題であった国本問題の当事者であり、地方においても数々の社会経済上の混乱を引き起こしていた福王殺害という事件が背景にあると考える。その予兆は13年（1640）12月、洛陽より上流の永寧県に分封されていた郡王・万安王朱采鑲が、李自成軍に攻略された際、殺害され、王府により搾取されていた多くの人々が解放された。この万安王はもともと洛陽に分封されて居た伊王府の一郡王であったが、嘉靖43年不祥事で親王の伊王が廃爵された後も、残りの諸王を統括していた。しかし福王朱常洵の就藩により同じ洛水の上流、永寧に移動（「別城」）させられた（佐藤著書、1999、六章）。著者佐藤はこうした現象は李自成軍が、流賊的な流動そのものから都市占領も視野に入れ、農民や都市民向けの政策を表に掲げた農民反乱的要素を強める方向に転換する予兆を、河南省西部の多くの人々が身近な存在として感じるようになり、その転換を象徴したのが李公子なる人物であると認識したのではないかと考える。

2．呉偉業『綏寇紀略』

三部小説や『明季北略』の著者計六奇と同じく李公子＝李岩の立場

によりながら、李岩像に多くの新知見を加えたのが呉偉業『綏寇紀略』である。呉偉業（1609～1671、万暦37～康熙10）は字駿公、号を梅村といい、太倉の人である。崇禎年代には師の張溥と共に復社で活躍し、崇禎4年（1631）には榜眼の成績で進士に合格し翰林院編修を命じられた。時に23歳であった。その後実録纂修官、東宮講読官を歴任するも温体仁一派と対立したため下野し、明滅亡時には太倉にあった。ほんの短期間福王の弘光政権に関係するも、辞職し在野にあって著作に専念した。しかし清朝にその才を推薦する者が後をたたず、ついに迫られるように順治10年（1653）上京し、わずか三年であったが国子監祭酒に就任した。伯母の死去を契機に帰郷を願い出て許され、順治13年（1656）末に帰途に就き、以後二度と出仕しなかった。

　呉偉業はその史官の経歴から伺える様に歴史家としての意識が旺盛で、邸報・奏疏・軍檄・部議等の官文書や、文集・書信等の個人の記録を長期にわたって収集・保存し、明滅亡にいたる原因を解明しようとする構想を練っていた。順治9年（1652）、太倉から嘉興府に遷り、初稿ともいうべき原稿は順治10年（1653）、清朝への出仕前に出来上がったという。しかし『綏寇紀略』の刊行は呉偉業の死後3年を経た、康熙13年（1674）であった。記述の方法は編年体でも紀伝体でもなく、毎巻ごとに明の滅亡の原因を作った人物・事件・事項を配置し、表題はすべて各巻を象徴する地名を使用して三文字で表し、各巻末に論評を加えた。この初稿段階では書名を『鹿樵紀聞』といい、別に『流寇輯略』・『流寇紀略』等ともいわれたが、上述のごとく康熙13年（1674）、呉偉業の弟子の一人、『明季遺聞』の著者鄒漪により『綏寇紀略』と名付けられて刊行された。彼は師の著を刊行するにあたり、家屋を売っ

二　崇禎末、清代初期の李公子像　　　57

てその費用を捻出したという。

　鄒氏本は通行本といわれ、12巻で補遺3巻を欠いていた。後に清の諸生張海鵬の努力で、もとの15巻が復元された。鄒氏本12巻について、清の林璽菴・全祖望等は弟子の鄒漪がかってに「竄改」したと批判するが、一方で乾隆時代の人梁玉縄は鄒漪を弁護し、さらに1930年代には姚家積は全祖望等の批判は濡れ衣であることを考証している（姚家積、1935）。呉偉業の別荘で生活した弟子の黄侃の体験では、呉偉業はその初稿を旧史と称し、それには毎巻に総論と附記がなく、その後改稿を続けた。しかしながら以後、「真史」の意図とは異なった偽書が通行するようになったという。鄒漪がなぜ12巻本で刊行したのかは、文字の獄等諸般の事情を勘案した呉偉業自身の意思によるのか、鄒漪の判断なのかは不明である。

　呉偉業は当時の「江南三大家」といわれた銭謙益・龔鼎孳と並ぶ文壇の指導者であったので、明の滅亡の原因を書きとどめ分析した初稿段階の『鹿樵紀聞』（後の『綏寇紀略』）には多くの知識人が関心を持ち、呉偉業自身も彼らにこの書に対する意見を求めた。『国榷』を執筆中の著者談遷は呉偉業の収集した史料を借り出し、『鹿樵紀聞』に関しても意見を交換した一人である（談遷『北游録』）。

　次に『綏寇紀略』中に描かれた李公子＝李岩像と、『綏寇紀略』執筆前後の李公子伝承との関連を考察してみたい。まず『綏寇紀略』の李公子像の立場を見よう。同書の李公子＝李岩像について最も詳細に記しているのは巻9「撃通城」である。李岩は崇禎13年（1640）12月、牛金星・宋献策と共に参加し、李自成に様々な提言を行い李自成軍に一定の方向を与えた。この点について『綏寇紀略』巻9では

城を過ぎて殺さず、掠する所を以って飢民に散ずるに因って、民
　　　多く之に帰し、号して李公子を仁義の兵と為す。伝聞者或いは即
　　　ち以って自成と為すも、李岩有るを知らず。

の如く、城市内の富裕な階層から奪った財物の分配を受けた飢民達は、これを実施しているのが仁義の士、李公子＝李自成と認識していたが、実はこうした政策の実施者は李公子＝李岩であることを知らないと記す。李公子＝李自成という広範な伝聞に対し、呉偉業は『新編勦闖通俗小説』を始めとした三部小説、『明季北略』の著者計六奇自らの見聞体験、談遷『国榷』等と共に李公子＝李岩説を強調している。

　呉偉業『綏寇紀略』中の李公子像は、順治年代に流布していた李公子＝李岩像と同じ基調にたっているが、一部李栩像や李自成伝承とも重なっている（二章A参照）。李自成軍に加入していく契機、次いで李自成軍中における役割と実践、最後に大順政権崩壊後の西逃の際、牛金星・李自成の陰謀により弟李牟と共に殺害されるという大枠は李公子＝李岩像と共通である。しかし『綏寇紀略』には、三部小説の系統等とは異なる新たな内容が加えられている。しかもその追加された内容が取捨選択され、重要なポイントとして後述するように『明史』流賊伝に挿入されていくが、これらの点は李自成軍に加入していく契機の部分に集中している。

　『綏寇紀略』のこの部分とは、李自成が危機を脱して河南に進入した崇禎13年（1640）、河南の状況を述べた以下の箇所である。なお呉偉業が附した割注は（　）内に太字で記す。

　　　河南は旱にして斗穀は万銭、人心は蟻動す。杞県挙人李岩なる者、
　　　初名は信、熹廟（**天啓**）の大司馬（**兵部尚書**）李精白の子なり（**精**

二　崇禎末、清代初期の李公子像　　59

白の原籍は潁州衛)。性は倜儻にして常ならず、嘗て家粟千石を出
し荒を賑わす。人之を徳とし争いて李公子と称す。李公子の父は
奄党なり。士大夫、與に歯するを羞じ、信は以って憾みを為す。
乱に因って之を督府に請い、用って郷里を扞衛し、権宜もて兵柄
を竊み、以って其の平かならざる所に報ぜんとす(伝に云わく、
安義襄郷備禦を授かると)。杞の人士は之を仇とし、他事に縁って
文もて賊に通ずるを為すに致るとす(中州、時に紅娘子の賊を討つ。
紅娘子は縄伎の女なり。〈李〉信を獲え強いて身を委ね、之に事えんとす。
信は已むを得ず而して従い、後に間に乗じて竊に帰り、杞人の執える所
と為る。紅娘子は救いに来たり、飢民は開門し賊を納む)。(県)令亦其
の名を市い衆を得るを悪み、遂に執えて而して之を獄に錮す。民
の之を徳とする者曰く、李公子向に我を生かせり、今急有りて廼
ち令を殺し械を破り之を出だす。李公子の獄に有る在るや、自成
既に衆の擁する所と為るを思い、嘆じて曰く、今日反するを決せ
り。遂に往きて自成に投降す。自成其の名を聞き、礼もて之を重
んじ名を巖と改め、偽りて制将軍に署し用事せしむ。

　以上は巻9「撃通城」の一部であるが、同書内の他の部分も含め李
公子＝李岩説の立場に立ち、さらに新たな五つの諸点が加えられてい
る。以下に列挙し各々の問題について検討してみたい。

(1) 初名李信、父親は李精白と明言し、割注で李精白の「原籍」
を潁州(川)衛とする。
　李岩の出身は河南・開封府所属の杞県、挙人の称号を有するという
内容は他の書と一致しているが、家族関係で特に新知見を示す。『新

編勦闖通俗小説』は李岩が公子といわれる存在であったと記す以外父親について触れず、『定鼎奇聞』では李岩は李尚書の子としている。『綏寇紀略』では李岩の初名は李信といい、李岩名は李自成軍に投じた直後の初対面の席で李自成から与えられたとする。父親について、「熹廟（天啓帝）の大司馬李精白の子」、つまり兵部尚書李精白の子と始めて明言し、この内容は後の『明史』にも挿入された。

周知のごとく李岩挙人説は、『綏寇紀略』を始め多くの史書に記されるが、その挙人合格年代について記しているのは『樵史通俗演義』の万暦43年（1615）、『明季北略』の天啓7年（1627）のみであるが、いずれもその事実を確認できない。一方で李岩は諸生（生員）であるとする著書も多い。例えば『懐陵流寇始終録』巻13、『明史紀事本末』巻78、『流寇長編』（下）、『流寇志』巻4、『国榷』巻97等であるが、この事実関係をこれまでの所確認できないからといって、史書や地方志で生員の合格者名をすべて一々記載しない場合が多いから、いちがいにこの面から李岩の不存在を断定するわけにはいかないであろう。

（2）奄党の子息李岩が、地域防衛権掌握をめぐって地元の他の支配層と対立した。

『新編勦闖通俗小説』を起点とする三部小説の李公子＝李岩、及び江戸時代の日本に伝えられた李公子＝李自成伝承共に、乱に関わるようになった最大の要因として、飢饉にもかかわらず従来どおり賦役や臨時税としての三餉を徴収する知県に対し、支払不能の小農救済のために減免と富豪による救済を主張する李公子が郷紳・知県以下の役人と対立する経過が描かれた。しかし『綏寇紀略』では、杞県内で李信

二　崇禎末、清代初期の李公子像

が郷紳・知県等の対立する重要な原因として、新たに以下の内容が加えられ強調されている。李精白は山東巡撫時代の天啓7年（1627）、二度にわたり魏忠賢生祠の建立を願い出て許可された。そのため崇禎帝即位後魏忠賢一派が追放されたが、李精白も魏忠賢党の一員として崇禎2年（1629）3月に頒布された崇禎帝の詔書で、彼は「近侍に交結す。又次等の徒三年、輸贖して民と為すを論ずる者129人」の一人として処分され、民への降格処分が確定された。先に二章A3で、李精白の子と確認できる李栩の項で述べたように、李精白は原籍の潁州に帰りしばらくして死去した。したがって李信が奄党の子ゆえに杞県の士大夫との矛盾を深めたとすれば、崇禎の世に入ってからと考えられる。

　本章の最初に掲げた『綏寇紀略』巻9の内容では、父親の李精白が奄党とされ処分された影響で、杞県の士大夫が李信との付き合いを避けたため、彼がこれに恨みを抱いていたとする（郷里での対立の他の側面については不明）。だが崇禎8年（1635）以降飢饉の続く河南に、地元の土賊のみでなく初めて他省からの流賊の本格的侵入があり、これに対抗し各地で郷兵の組織をはじめとした在地の防衛体制の強化や堡寨の建造や修築が行われ、明朝もこうした動きを奨励した（佐藤、2007）。従って士大夫層でも武の知識と戦闘の組織化に能力のある人物が、倒壊間際の明朝から重用されるのは当然であった。

　李信は従前より飢饉に際しては「家粟」を供出して救済に努めていたので、人々はこれに感謝して「李公子」と尊称していた。其の上流賊の直接的脅威のもと、文のみでなく武の才能を有する李信の活躍の場が整えられたともいえよう。『綏寇紀略』では李信が杞県において

どのような防衛組織を創ったのか、具体的に何も記していないので詳細は不明であるが、とにかく彼の方策を「督府」朱大典に要請して認められ、「郷里」防衛の責任者に命じられた。呉偉業が割注に附した、朱大典から李信に授与された職名は「安義襄郷備禦」と伝えられる。先述した李栩も潁州防衛の権限を朱大典から、「潁の義勇」を訓練し指揮させるために都司という正規の明軍の職が与えられたため、奄党の子として潁州城の有力者と対立関係にあったのがさらに激化したことを述べた。杞県の李信も朱大典から与えられた「安義襄郷備禦」なる名称が明軍の職階に当たるのか否かは不明であるが、このことが奄党の息子李信にたいして杞県の士大夫が「兵柄を竊む」行為として警戒し、一層対立を深めたという。朱大典に関連して李信、李栩共に、郷里で他の士大夫層と対立する状況は比較的類似している。しかし欒星は呉偉業が「伝に云う」として脚注につけた伝聞は、事実を確定できないものとして意識したもので、また彼らに郷里防衛責任者としての職名を授けた朱大典に冠された「督府」つまり総督職は、明末に設置されていないからこれらの記述は出鱈目で反動的と酷評する（欒星著書 p.102）。この欒星の見解に対し著者佐藤は、呉偉業が従来伝えられた内容以外に、別の伝聞もあることを割注として慎重に記したと解釈し、又朱大典の官職の実態は『明史』巻276によると、漕運を総督し南直隷所属の四府を統括する巡撫に任じられていた督撫（「総督漕運兼巡撫廬（州）・鳳（陽）・淮（安）・揚（州）」）であるから、総督と捉えられることについては問題ないと考える。

二　崇禎末、清代初期の李公子像

（3）李岩封爵問題

　三部小説では大順政権樹立時の功臣の封爵問題については触れることがなかった。『綏寇紀略』巻9〈通城擊〉ではじめて、北京占領に向かう直前の崇禎17年（1644）1月、西安に凱旋した李自成は大順政権の樹立を宣言し、全国統治を実現するため牛金星を天佑閣大学士に任命して行政組織を編成させるとともに、開国功臣を五等の爵位に封じたことを伝える。武官の第一・第二位の権将軍・制将軍は侯爵に、第三位の果毅将軍以下は伯、子、男に封じた。侯爵は汝侯に封じられた劉宗敏、沢侯に封じられた田見秀等合せて九名で、八名は姓名が明記されたが制将軍李岩の名はなく、侯爵岳侯のみ唯一「其の姓名を失す」と注記された。この封爵者の中に李岩の名が見られないことをとらえて、李岩烏有先生説の根拠の一つとする主張も見られる（本著3A―2参照）。

（4）紅娘子との結びつき

　『綏寇紀略』巻9には、李信が杞県の当局や士大夫と決定的に対立しその結果投獄される原因に、三部小説等の系統に見られなかった紅娘子問題が加えられた。

　　杞の人士は之（兵柄を奪ったこと）を仇とし、他事に縁って文もて
　　賊に通ずるを為すを致すとす。

とあって、杞県の士大夫は李信の飢民救済と兵権の掌握以外に「他事」＝通賊問題をもとに訴状を提出した。この「他事」とは紅娘子と李信の繋がりに関する問題である。呉偉業は本章の最初に掲げた本文の割注でつぎのようにいう。当時河南には反したばかりの女綱渡り師紅娘

子がいて、李信に思いをよせ彼を捕らえて身を任せ彼に仕えようとした。やむをえず紅娘子の意のままになり、隙をみて自宅に逃げ帰ったところを対立する杞県人に捕らわれ投獄された。そこに紅娘子が救出にかけつけ、先に李信の賑済を受けた飢民も内より開門して、彼女とその軍を城内に引き入れた。この割注の後の本文は『新編勦闖通俗小説』等三部小説と同内容で、知県は李信が従前より救済を通して杞県の民衆から声望を得ていたのを恨んで彼を投獄したと記し、このため恩義を感じていた民衆が知県を殺害し彼を獄中より救ったと続く。

　欒星によると烏有先生であるかどうかの議論の対象である李岩に、さらに歴史的存在の証明が一層難しい紅娘子についての最初の記述は『綏寇紀略』であり、巻９内の割注で李岩像に加えられた紅娘子伝承は、歴史事実と関係ない出鱈目な内容と酷評した。彼は紅娘子批判に関する論点を以下のように要約している（欒星著書、p.91〜93）。第一に恐らく紅娘という呼称は綽名であろうが、「縄伎女」というだけで出身が全く不明である。第二に造反理由と時期及び彼女と李岩の合作時期が不明である。第三に紅娘子故事の出現の背景として考えられるのは、紅娘子が城を破るという風変わりな記載がすでに江南で流行していたことをあげる（欒星の著書内では詳細不明）。後述（佐藤本著第三章C）するように、李岩の存在を否定する康熙『杞県志』の「李公子弁」が、反論の対象とした『樵史通俗演義』・『明史紀事本末』でさえ李岩に関する記述中に全く紅娘子について触れていないぐらいであるから、『綏寇紀略』のこの部分の記述内容は信用できないという。

（5）福王府攻撃と李岩

　崇禎13年（1640）12月、李自成軍は洛水の中流に位置する河南府永寧県を攻撃・陥落させ、分封されていた万安王朱采鏼を殺害したのに続き、14年1月には洛水の下流の洛陽を陥落させ、この地に封建されて人々の怨嗟の的であった福王を殺害した。この福王の殺害後、洛陽における李自成軍による初歩的な地方官設置は、明末の流賊が新しい段階に移行するきっかけとなった。李自成軍も張献忠軍も以後、城市を占拠すると地方官を設置して支配を永続させようとする政策を重点的に行うようになる。特に明代華北・華中には、多くの省城・府城に諸王が分封されていたので、以後李自成軍も張献忠軍も、こうした王と王城攻撃を戦略的に位置づけるようになった。こうした方針の先鞭をなした、洛陽による福王と福王府攻撃の意義を明確にしたのが李岩等であった（佐藤旧著1985、第一章三節。同新著1999、第一部、第二部六章）。
『綏寇紀略』巻八「忙渠埜」には

　　時に杞県の人李岩、術者宋献策は起ちて賊に従い、（李）自成に教えるに好言を為す。衆を給いて曰く、王侯貴人は窮民を剝ぎ其の凍餒を視る、我故に之を殺す。

　また同巻九「通城撃」にも

　　賊は李岩・牛金星の策に従い、福邸中の庫金及び富人の貲を発し、以って飢民に号召す。

とあるように、崇禎13年（1640）末、河南において李自成軍に参加した李岩・牛金星・宋献策が、飢民を救済するために、彼らから収奪した王族や富民の蓄えた財産を分配するように提言した。特に河南府の附廓洛陽県に封建された福王府は、明の国庫から莫大な財源を供給さ

れたのみならず河南を中心に山東・湖北等から大量の土地を集積し、その他王府の禄糧の独自徴収をはじめ塩・商税を独占していた。福王府はこのような無法な集団として河南府を中心に、農民・商人・兵士を始め一部の支配層からも怨嗟の的となっていた。したがって福王府をかわきりとして以後連続する王府攻撃は、明末の流賊を一層発展させる重要な契機となった。獲得した福王府の財物の処理について

> 初め賊の王府に入るや、珠玉貨略山積し、縑嚢に装し、負任して以って盧氏山中に入り、王府中の金及び倉粟を発し、大いに飢民を賑わす。……飢者をして遠近を以って食に就かしめ、男子二十以上の軍に従うを願う者は、月に四十金を食し、趫敢にして能く将為る者は之に倍せしむ。

とあって、盧氏山中に運搬し洛陽を含む広範囲の飢民に食料と財を与え、男子20歳以上の希望者を兵士として、能力ある者は指揮官として採用し各々厚遇した。こうして奪った福王府等の財物は飢民救済と軍の充実に使用され、李自成軍の最盛期を迎える基盤となった。

呉偉業は巻9の巻末で「外史氏曰く」の表現を用いて論評した〈驕りて制し難し〉の項目中に

> （李）自成初め福邸の貲を盗み、以って宛・洛に号召し、附従するもの始めて衆し。京師の陥するに逮び、その下は争って金帛財物の府に走り以って之を分かつは、此れ其の利同じきが為めなり。

と書いて、崇禎17年（1644）陥落させた首都北京に入城した李自成軍の兵士達が、王族・爵位家・郷紳家に押し入り金銀財宝を略奪して分け合った行動は、かつて福王府に対して実施した方法がその原点をなしていると総括している。このように同9巻に

二 崇禎末、清代初期の李公子像

> 初め（李）自成大志無し。至る所、百姓の塢壁を保ち従うを肯ぜざるを屠戮す。李岩教えるに、中原に拠りて天下を取り、宜しく拊循して人心を収むべしと。

とあるように、李岩は李自成に対し中原から政権樹立を視野に入れた提言をなすが、その一つに王府攻撃の戦略があった。

　以上二章では『綏寇紀略』の執筆開始前後、伝聞や三部小説等に現れる明末流賊の乱に関連して李公子と呼称される三人の人物に、李自成・李岩・李栩がいた。『綏寇紀略』の描く李公子＝李岩像は、飢饉や政府の重税徴収、地主・紳士層の収奪下で、飢民化した小農民を如何に救済するかの方針をめぐり知県等の行政部門や紳士層と対立を激化させていくという側面では李公子＝李自成と重なり、流賊や土賊の深まりゆく危機に、漕運総督・巡撫朱大典の公認のもと郷里の防衛の主導権を握り地元の有力郷紳と対立を深める点では、李公子＝李栩像と重なる。

　呉偉業『綏寇紀略』は三部小説の内容に、江南の伝承や独自の調査の内容を注釈として加え、李岩伝承を豊富にすると同時に李公子像を複雑化させることになった。『綏寇紀略』の李公子＝李岩像は『明史』流賊伝に採用されていくが、混乱をきたした内容の側面はどのように整理・継承されていくかは、以下三章Aで述べることにする。

三　清代中期、李公子＝李岩説の公認と反発

A　『明史』流賊伝の成立

1.『明史』について

　最初に正史『明史』の成立について触れておこう。順治2年（1645）に編纂を開始して乾隆4年（1739）に勅定をうけるまで、実に90年余の歳月を要し、乾隆帝を入れれば四代の皇帝に亘っている。その間四度明史館が開かれている。編纂第一期は順治2年（1645）から康熙18年（1679）にかけての34年間で、内三院大学士の馮銓・洪承疇等がその責に任じたが編纂の進捗ははかばかしくなかった。中国の統一を進めている時局という理由以外に、正確な史書（「信史」）を書く上で最も困難な事情の要因の一つとして、天啓4年（1624）と7年（1627）6月の実録、崇禎一朝の実録を欠いていたことがあげられる。第二期は康熙18年から雍正元年（1723）までの44年間である。康熙18年（1679）、康熙帝は『明史』編纂を強力に推進するために、全国から推薦させた学問・品行及び文章に秀でたいわゆる〈博学鴻儒〉の人士を試験し、合格者50人に編修・検討の官を授け『明史』を編纂せしめた。明末に出版されたため、満洲族を誹謗する文言が入る多くの文集や野史類をも史料として、明史館に収蔵することも許可した。

　徐元文が監修総裁官、張玉書等が総裁官として編纂を指揮し、康熙

21年（1682）には監修が李霨、総裁が湯斌・徐乾学・王鴻緒に代わり、さらに康熙33年（1694）には監修が張玉書等、総裁に王鴻緒等を任命している。康熙帝は『明史』の編纂の進捗状況を掌握し督励していたが、康熙41年（1702）、監修官熊賜履等が進呈した『明史』稿416巻、ついで王鴻緒は康熙53年（1714）自身が編纂した列伝と、明史館に集積されていたそれまでの草稿に一部の修改を加えて310巻として雍正元年（1723）に進呈したが、共に勅定を得られなかった。よって後者の版本は後世、王鴻緒撰『明史稿』と呼ばれることになった。第三期は雍正元年（1723）から勅定が下った乾隆4年（1739）までの期間である。監修官に隆科多等、総裁官に張廷玉・徐元夢等を指名し、王鴻緒の『明史稿』に手を加える作業が続行され、雍正13年（1735）に完成して印刷に附し、乾隆4年（1739）ようやく勅定を受けた。現在我々が見ることのできる欽定『明史』（武英殿鏤本）である。

　正史の中でもその出来具合が評価される『明史』の完成に、多大の貢献をなした黄宗羲の弟子、萬斯同（字季野）について触れておきたい。推薦された康熙18年（1679）の博学鴻儒科の受験、及び官職と俸給も辞退し、布衣の身分で史局に参加した。康熙41年（1702）死去するまで、総裁官徐乾学の館に12年、ついで総裁官王鴻緒の館に8年の計20余年寄宿し全力で『明史』編纂に従事し、康熙38年（1699）、『明史稿』500巻を編したといわれる。これは王鴻緒等の『明史稿』の基礎となっている。李晋華は明史局が何度も再開され、『明史』編纂に係わった総裁・纂修各官は「数千百人を下ら」なかったが、官職を持たないまま隠然として総裁の柄を操ったのは萬斯同一人であったという（李晋華著書、1933）。なお旧北京図書館（現国家図書館）蔵で萬斯同

撰とされる『明史』(416巻、続修四庫全書) が、2008年上海古籍出版社より公刊された。この北京図書館蔵の『明史稿』について様々な見解があり、李晋華は王鴻緒撰『明史稿』とは同一でなく、萬斯同撰と王鴻緒撰の中間にある (著書、1933) といい、朱端強は熊賜履が萬斯同『明史稿』を改定したものと推定する (朱端強著書2004、p.14)。いずれにしろ、萬斯同撰『明史』稿そのものではなくそれに近い内容を残しているといえよう。

2．毛奇齢『後鑑録』と『明史』流賊伝

『廿二史箚記』の著者である趙翼は、『簷曝雑記』巻6〈綏寇紀略〉で、『明史』の孫伝庭・楊嗣昌・左良玉及び流賊李自成・張献忠等の伝に関する内容の多くは、大概呉偉業『綏寇紀略』に拠っているという。『明史』流賊伝の内容の基軸は『綏寇紀略』である。この流賊伝の執筆者である浙江省蕭山県の人毛奇齢 (1623〜1713) は、康熙18年 (1679) 博学鴻詞科に推挙されて合格して翰林院検討を授かり、『明史』編纂に携わった。康熙24年 (1685) 病気で帰郷するまでの7年間、彼は明史館で過ごした。『明史』編纂における彼の役割分担はくじ引きの結果、弘治・正徳両朝紀伝、〈土司〉・〈盗賊〉等の執筆を担当した (馮蘇『見聞随筆』の毛奇齢序文。姚雪垠、1978)。彼が主編した流賊伝中の李自成伝の内容は、『明史』流賊伝編纂のため著した姉妹作品の『後鑑録』と同一であり、同書は『綏寇紀略』を踏まえ、さらに『綏寇紀略』を参照した呉殳『懐陵流寇始終録』・馮甦『見聞随筆』(康熙7年刊行?) 等の著書も参考にし、又独自に史料収集と分析も行っている。

三　清代中期、李公子＝李岩説の公認と反発　　71

勅許までほぼ百年を要した『明史』では、巻309が流賊伝に充てられている。同巻中の李公子伝についてまず見ることにしたい。同伝については谷口規矩雄（1982）により、的確な註釈を附し翻訳されている。これを参照しながら李信（岩）についての記載部分を書き下してみよう。最初に李自成軍に参加するまで。

> 杞県の挙人李信なる者、逆案中の尚書李精白の子なり。嘗て粟を出して飢民に振るまい、民これを徳として曰く、李公子我を活かせり。會ま縄伎紅娘子反し、（李）信を擄えて強いて身を委ねんとす。（李）信逃れて帰る。官以って賊と為し、獄中に囚う。紅娘子救いに来たり、飢民も之に応じ、共に（李）信を出だす。盧氏（県）の人挙人牛金星は磨勘もて斥けられ、私に（李）自成の軍に入りて主謀を為す。潜かに（家に）帰るも、事洩れて斬（刑）に坐す。已に末減（〈量刑を軽くする〉）を得る。二人皆往きて（李）自成に投ず。自成大いに喜び（李）信の名を巌と改む。（牛）金星又卜者（〈占い師〉）宋献策、（身）長三尺余を薦す。（宋は）識記を上まつりて云うに「十八子、神器を主どる」と。（李）自成大いに喜ぶ。（〈　〉は佐藤注）。

奄党として処分された尚書李精白の子、杞県の挙人李信は飢饉にあたって自家の食料を飢民に振舞い、県民から慕われていた。縄伎紅娘子も彼を尊崇し、拉致してまで夫婦になろうとした。隙を見て家に逃げ帰った李信を県官が賊として逮捕、投獄した。これを聞いた紅娘子と飢民が李信を獄中から救った。同じく罪人となっていた盧氏県（実際は豊宝県の人、佐藤注）の挙人牛金星と共に李自成軍に参加し、李自成は李信に巌という名を賜った。又牛金星の推薦で占い師の宋献策も

参加し、この時期の李自成に大きな影響を与えた河南出身の三人が出そろう。参加直後の李岩の役割については以下の如く続ける。

　(李)巌、因って説いて云うに、「天下を取るには人心を以って本と為し、請うらく人を殺す勿く、天下の心を収めん」と。(李)自成之に従い、屠戮減ずるを為す。又掠する所の財物を散じ飢民を振わし、民の餉(にぎ)を受ける者、岩と自成を弁ぜずして、雑に呼んで曰く、「李公子我を活かせり」と。(李)巌復た謡詞を造りて曰く、「闖王を迎えれば糧を納めず」と。児童をして歌わしめ以って相に煽んせしめ、(李)自成に従う者日に日に衆し。

李岩は李自成に、天下を取るには人民の心をとらえねばならず、そのためには殺人を減らし奪った財は民に分配することを提言し、李自成もこれを受け入れ実行に移された。このため人民は李岩と李自成を区別できず「李公子」のお蔭で生き延びることができたと、感謝した。民の飢えの原因である高い税(「糧」)を免除するとの歌謡を作り子供に歌わせ、宣伝を強化したためこれを信じた人民が日々李自成軍に従うようになった。流賊的行動から目標を掲げ政権(仁義の世界)樹立を視野に入れるという、李自成軍の性格が変化していく様子を表現している。

　崇禎14年(1641)末から15年にかけて、李自成は襄陽で大順政権作りを開始する。この経過についてはすでに第一章で述べた。『明史』流賊伝によると、この時期行政部門の創設の中心ではなばなしく活躍する牛金星に対して李岩は軍事部門に属し、軍職最高位の権将軍田見秀・劉宗敏に次ぐ制将軍職についたという以外の、李岩に関する記述は一切見られない。北京における大順政権内での李岩の行動の特徴に

三　清代中期、李公子＝李岩説の公認と反発　　73

ついて『新編勦闖通俗小説』をはじめとした三部小説等では詳細に叙述されていたが、『明史』流賊伝では記述されることはなく、清・呉三桂連合軍に敗れて北京撤退後の山西における事件の叙事内で、以下の如く簡単に触れられる。

　（順治元年5月2日）李岩は故と自成に、殺さずを以って人心を収むるを勧むる者なり。京師を陥すに及んで懿安皇后（天啓帝の張皇后）を保護し自尽せしむ。又独り士大夫を拷掠する所無く、(牛)金星大いに之を忌む。定州の敗より、河南州県多く反正し、自成諸将を召して議すに、(李)岩兵を率いて往くことを請う。(牛)金星陰に(李)自成に告げて曰く、「(李)岩雄武にして大略有りて、久しく人に下る能わざる者なり。河南は岩の故郷にして、仮に大兵を以ってせば、必ず制すべからざらん。十八子の讖は(李)岩に非ざるを得んか」と。因って其の反せんと欲すると譖す。(李)自成、(牛)金星をして岩とともに飲ましめ之を殺させしむ。賊衆倶に解体す。

　李岩は李自成等とともに北京における大順政権創設と清軍への対応に追われる中、河南出身の懿安皇后の名誉を守り自決の道を選ばせ、旧明朝の士大夫にたいする掠奪は控えたように、李岩は旧支配者に対して一定の配慮を示した。北京攻防戦に敗れ4月29日、急遽大順皇帝即位式を挙行し、翌日西安に向け撤退を開始する。その途中の5月末から6月初め、山西で事件が発生する。南明の弘光政権により奪回された河南の大順地方政権を奪回すべく、李岩は大順軍の借用を願い出た。対立する牛金星はこの李岩の意図を李自成への造反とし、李自成もこの忠告を受け入れて牛金星に指示し、送別の宴と称して李岩兄弟

を招きその席で彼を殺害した。この結果李自成軍の結束が崩れていった。

　以上の記述は七年の明史館生活をおくった毛奇齢が流賊伝の最初の担当者として執筆し、この内容が後継の担当者に受け継がれ、王鴻緒『明史藁』列伝183、勅許を受けた『明史』流賊伝中でも一部の字句を削除・変更されたがほぼ同一内容で受け継がれた。

3．整理された李公子＝李岩像

　以上が欽定『明史』流賊伝の李公子＝李岩像である。毛奇齢が草稿を書き以後も基本的にその内容が継承され、『明史』流賊伝中の李公子＝李岩像となった。但し第二章で検討したようにその流賊伝の基礎となった『綏寇紀略』は三部小説の系統の内容によりながら、さらに新たな内容を加えた。しかもその追加された内容は三部小説の系統と異なる内容もあり一部に矛盾と混乱を生じた。毛奇齢はこうした内容をどのように整理し、『明史』流賊伝の初稿を執筆したであろうか。整合的に整理された内容は李自成軍に加入していく契機の部分に集中している。

　呉偉業はその著『綏寇紀略』で、李公子＝李岩像を三部小説と同様、李闖王＝李自成、李公子＝李岩と明確に区分するとともに、李岩像に新たに四つの内容を加えた。それも主要な内容はほとんどが割注に記された。第一は李岩の初名李信、父親は李精白と明記し、これは毛奇齢『後鑑録』・旧北京図書館蔵書本・王鴻緒『明史稿』・『明史』に踏襲されたが、割注部分に記した李精白の原籍潁川衛は毛奇齢により削除された。第二の杞県の知県や支配層と対立し李自成軍に加わる有力原因の一つとして本文に加えられた内容に、奄党の子として疎外され

三　清代中期、李公子＝李岩説の公認と反発

ていた李岩が流賊に対処するため掌握した杞県の地域防衛権を明の督府朱大典が正式に公認したので、これを杞県の士大夫達は父親を奄党として処遇した彼らに、李岩が恨みを晴らそうとしたと捉える見解は、毛奇齢『後鑑録』・旧北京図書館蔵書本は継承したが王鴻緒『明史稿』、『明史』では削除された。当然割注に記した朱大典から授与されたとする職名「安義襄郷備禦」も削除された。

　第三の李岩を危険視した士大夫が、賊紅娘子との関連を訴えて投獄させたという記事は、『綏寇紀略』の割注で比較的長く書かれていた。李岩の歴史的存在を否定する欒星は次のごとくいう。遅くとも乾隆に出現した戯曲の台本『芝龕記』以来、現代にいたるまで李岩と紅娘子に関する内容は小説や戯曲に格好の題材を提供することになった。李岩と紅娘子についての記述は『明史』流賊伝に採用されているが、不思議なことに李岩について詳細な記述をしている『新編勦闖通俗小説』等三部小説系統には紅娘子についての記述は一切ない。康熙初年初めに出版された『綏寇紀略』より早いか、ほぼ時期を同じくした谷応泰『明史紀事本末』、彭孫貽『平寇志』、張怡『諛聞続筆』、計六奇『明季北略』等にも紅娘子については触れられていない。烏有先生であるかどうかの議論の対象である李岩に、さらに歴史的存在の証明の難しい紅娘子に関する最初の記述は『綏寇紀略』であるという（欒星著書、1986、p.101。なお李岩の実在を考える王興亜も、紅娘子については欒星と同様な見解を持つ。〈王興亜著書、1984、p.285、第一章註〉）。以後歴史事実について不明のまま、『後鑑録』、旧北京図書館蔵本、『明史稿』、『明史』にそのまま採用され、李岩・紅娘子物語として文学・戯曲を通じて後世に語り継がれることになった。

第四の封爵問題では九名の侯爵封爵の中で、『綏寇紀略』では唯一不明として姓名を記さなかった岳侯を、『後鑑録』では李岩と明記し、李岩も封爵されたと記述した。第五の福王攻撃の提言についての李岩等の役割については、『後鑑録』、『明史稿』、『明史』も特に触れず、李自成軍の行った歴史事実として記されている。呉偉業が『綏寇紀略』で新たに加えた四点の内、毛奇齢等によって『明史』流賊伝初稿に採用されたのは、初名李信、父親李精白、紅娘子との関連、奄党の子息李岩の地域防衛権掌握と杞県有力者との対立激化等で、不採用としたのは李精白の原籍頴川衛、李栩名の削除、李岩等による福王攻撃の提言である。

　毛奇齢が不採用とした内容で注目すべきは、李岩も李栩も李精白の子とされていたのが、彼の子は李岩とし、李精白の原籍は頴川衛、息子は李栩という事実関係を削除し、李精白の子息は李公子＝杞県（河南、後述）の李信（岩）に統一したことである。恐らく呉偉業は当時伝承された李公子＝李岩によりながら、一方で頴川衛の李栩とこれに重なる伝聞が彼自身にとって未確認情報であったため、割注に併記したと考えられる。それを毛奇齢等の史官は呉偉業のいう李公子＝李岩説を踏襲したが、李公子＝李栩と重なる部分を整理し、李岩は父親が李精白、杞県（河南）の人で挙人に統一したと考えられる。その点で『後鑑録』、旧北京蔵書本、『明史稿』、『明史』には李栩の記事が見られない事と符号する。

　例えば二章Ａ３で述べたように、漕運を総督し南直隷所属の四府を統括する巡撫に任じられていた督撫朱大典は、崇禎８年（1635）、李栩の頴州における流賊勘討の著しい軍功に対して明の武官職である都

三　清代中期、李公子＝李岩説の公認と反発　　77

司を与えた史実を紹介したが、『明史』巻164朱大典伝には李栩の名も
そうした事実も、或いは同10年（1637）の将軍職である参将昇格につ
いても記していない。流賊袁時中の名を記すが、明軍が李栩の著しい
軍功に注目して明軍に編成し淮北・淮南・黄河中流域の防衛を担当さ
せたその彼が、袁時中に殺害されたという記事を見ることができない
のは偶然であろうか。同じく二章三Aで述べたように崇禎9年（1636）、
不足する軍餉に江南の富戸から籍没して当てよと主張するこの武生李
璡に対して、閣臣銭士升は地域の救済から防衛はすべて富戸の力によ
っている。流賊の被害の及んでない江南にそうした政策を実施すれば
「無頼・亡命」が富戸を襲うことになり、天下を流賊化してしまうと
反対した。『啓禎両朝條款』所収の銭士升の上奏原文では李璡の見解
に厳しい反論を展開し、富戸こそ国家と地域の要であるとする顕著な
具体的人物例として李栩の名を掲げるが、『明史』巻251ではこうした
経過を述べるものの、李栩の名は省略している。簡述の必要から具体
的人物名を省略したとはとても考えにくく、やはり意図的に削除した
感が否めない。

　以上のように毛奇齢の記した流賊伝中の李公子＝李岩像は、ほぼ欽
定『明史』流賊伝に踏襲された。但しいくつかの項目で毛奇齢『後鑑
録』は『綏寇紀略』の内容を修正・整理したが、王鴻緒『明史稿』・
欽定『明史』でさらに再修正されている。まず第一の再修正について。
毛奇齢の見解は呉偉業の『綏寇紀略』を参照し、さらに独自の史料収
集等の分析結果を加えた著書『後鑑録』に記されている。実際その内
容が初期の『明史』流賊伝の草稿段階でどのように記されていたか、
現在では見ることができない。ただ萬斯同撰といわれる旧北京図書館

本は、少なくとも萬斯同『明史稿』の内容を伝えていることは先に述べた。毛奇齢が明史館に在籍したのが康熙18年（1679）から24年（1685）までの7年間、萬斯同は康熙10年（1671）後半から41年（1702）で、康熙38年（1699）に『明史稿』500巻を撰したと伝えられる。この旧北京図書館蔵書本と毛奇齢『後鑑録』の流賊伝の李岩に関する内容は一致する。

　『後鑑録』と旧北京図書館蔵書本に見られる修正点は、『綏寇紀略』で李岩は杞県の人で挙人とあったのを「河南の挙人」としていることである。杞県を河南となぜ変更したのであろうか。杞県を管轄するのは開封府であるのでこの河南は洛陽を附郭とする河南府ではなく、河南省を指すと考えてよいであろう。とすれば河南省籍の挙人として本人の所属府州県を明記しなかったことになる。残念ながら乾隆53『杞県志』選挙の項には、李岩・李精白の名は見当たらない。毛奇齢が『後鑑録』執筆中の康熙年代前半頃、結局公刊されなかった『杞県志』にどのように表記されていたのか不明である（本著五章Ｂ３〈１〉ａ、邢樹恩・杜宝田の主張と欒星の反論参照）。李岩は挙人ではなく生員と伝える史料も多く、その場合は地方志に氏名の載らない事例も多い。

　そこで父親李精白の科挙試に関する表記について見ることにしたい。李精白は万暦41年（癸丑、1613）の進士合格で、「河南・潁川衛、軍籍」（『明清進士題名碑録』索引上）と表記される。すでに述べたように李精白は軍戸籍にあり、明代の行政区は南直隷鳳陽府潁州（清代の安徽省阜陽県）であるが、潁州にある潁川衛の軍区は中軍都督府所属の河南都司に所属している（『明史』巻90兵二）。したがって同衛の軍戸籍子弟は明の中期以降、河南省での受験となった（本著三Ｃ２参照）。乾隆17

三　清代中期、李公子=李岩説の公認と反発　　79

『潁州府志』選挙表・挙人でも李精白を「河南中式」の人と記述されているから、もし李岩が彼の子供で挙人であったなら「河南中式」との記述は当を得ているといえよう。ところが河南側の李精白に関する科挙籍の記述について、挙人の項では「癸卯〈万暦31〉(1603) 科、侯応琛等共85人」(順治17『河南通史』巻17) の如く、氏名は首席合格者一名だけで後は李精白を含む合格者数のみの表記である。進士に合格した万暦41年 (癸丑、1613) の李精白に関する表記では「尉氏人、仕至僉都御史」(順治17、修康熙9、『河南通史』巻17) とあり、この表記方法は以後の『河南通志』、『開封府志』に継承されている。李精白が「尉氏 (県) の人」と表記されているが、尉氏県とは開封府の所属県である。杞県も同府所属であるが、なぜ河南の地方志が尉氏県の人と表記したのか不明である。姚雪垠は論文 (1981-2) で、郷試受験の際の附籍と解釈しているがこの証明も難しい。なお康熙『開封府志』に、李岩は杞県人でなく烏有先生を強調した「李公子弁」を載せる一方、選挙表では李精白を尉氏県の人としている。このように問題が複雑化するのは、父親李精白は原籍が現在の安徽省で科挙の受験先が河南省ということから生じ、息子といわれる李岩 (李信) も杞県以外に、尉氏県説も可能となり、問題の解決はますます困難となる。確かに毛奇齢が李岩を「河南の挙人」と修正した内容の方が穏当のように思えるが、下記のように『明史稿』・『明史』流賊伝では三部小説以来の「杞県の挙人」の表現に戻している。

　次に『明史稿』・『明史』による第二の再修正問題。『綏寇紀略』では崇禎17年 (1644) 1月、西安で大順政権樹立を宣言した際、軍功者に封爵を授与した。侯爵に封じた九名の内八名の姓名を明記したもの

の、岳侯のみ「某、其の姓名を失す」と記したのに対し、『後鑑録』では岳侯を李岩と明記し、旧北京図書館蔵書本もこれを踏襲する。後日の李岩烏有先生説の立場をとる論者は、『綏寇紀略』の封爵者に李岩の名がないことをその論証の根拠の一つとし、例えば顧誠は岳侯の具体的姓名は以後の調査を待たねばならないが、岳侯と伝えられた人物は永暦政権が清朝と抗戦した時期に広西梧州で病没したという（顧誠著書、1984、p.225、註56）。毛奇齢は岳侯を李岩としたが、『明史稿』は封爵問題記述を簡略化したこととも重なり、「大いに功臣を封じ、劉宗敏以下九人を侯とす」の如く表記するのみで、欽定『明史』もこの記述を継承する。

　再修正の第三は李岩報復説の削除である。『綏寇紀略』が新たに付け加え、毛奇齢『後鑑録』・旧北京蔵書本等が引き継いだ内容に、李岩が郷里の士大夫と対立する原因として、周辺からの流賊の脅威に対し郷里防衛の兵権を掌握した行動があった。士大夫達がそれを、自分たちが父親李精白を奄党として処遇した行為に対する「其の醜を滌ぐを思う」として、報復の意図を強調する表記は、王鴻緒撰『明史稿』、欽定『明史』流賊伝では削除されたことは先に述べた。

　以上の如く『明史稿』・『明史』による、毛奇齢の修正・追加した記述に対する再修正は、河南の挙人を杞県の挙人に戻し、李岩封爵を曖昧に記し、李岩が奄党の子息として差別した士大夫に対し、郷里の防衛権を握り報復しようとしたとする内容の削除である。

三　清代中期、李公子＝李岩説の公認と反発　　　　　　　　81

B　禁書体制と李公子＝李岩像の拡大

1．四庫全書と禁書・文字の獄

　乾隆4年（1739）『明史』が勅定され長期に亘った『明史』編纂事業が終了すると、翌年乾隆帝は上諭を発し、各省の総督・巡撫・学政にたいし管内をめぐって古今の重要文献を収集するよう命じ、清朝統治を思想面から磐石にするための一大叢書編纂に着手した。乾隆38年（1773）、収集した文献（良書）を将来、経・史・子・集4部に分類する叢書を四庫全書と命名し、そのための四庫全書館を開設した。同年、半年以内の期限を設けて文献収集を各省に命じたものの、翌39年（1774）8月の上諭内で乾隆帝が「（38年に）詔を下して数月、応ずる者は廖廖たり」（『東華録』）と認めたごとく、成果は芳しくなかった。その原因は采訪する方も応ずる者も、文字の獄を恐れたためである。

　それでも39年上諭を発する直前には各省から収集された書籍は「万余種を下ら」なかったが、その中にはほとんど「忌諱の書」は含まれていなかった。乾隆帝はこの状況に対して

　　況や明季にあって野史を造る者甚だ多く、その間毀誉は任意にして異辞を伝聞し、必ず本朝に抵触する処有らん。正に此の一番の査辦に及ぶに当たれば、尽く銷燬を行い邪言を杜遏し、以って人心を正し而して風俗を厚くし、之を宜しく弁ぜざるに置くべからずべし。

といい、明末の野史を始め清朝を誹謗する内容を有する書籍を全面的に摘発・「鎖燬」するとし、四庫全書編纂のもう一つの目的である禁

書を実力で行うことを明言した。以後禁忌の書を提出せず「存留した」収蔵家、これを見逃した総督・巡撫を処分するとした。こうして督撫に責任を負わせる全国的な「査禁体制」が開始され、各省も根本的な対応の転換を迫られることになった。41年（1776）江西巡撫海成が省内で調査・入手し皇帝に送付した禁書8千余種の書籍リストを提出すると、乾隆帝は海成を嘉すとともに歴史的な文物の中心地浙江・江蘇両省の禁書数が江西省よりずっと少ない事実に激怒した。43年（1778）11月の上諭で各省の督撫に対し、「査書」に期限を設けなかったためにこの任務を「末務」とみなしているとして、今後二年以内に全力をあげて禁書の任務を完成せよと厳命した。名指しされた浙江省は終了期限とされた46年（1781）をさらに一年延長することを願い出、結局49年（1784）7月それまでの24次に亙る禁書の調査結果、538種、計13,862部を査出した。浙江省はその後も調査が続き、21次にわたった江蘇省でも、50年代にずれ込んで禁書捜査（「査緻」）が継続された。度重なる厳しい文字の獄を伴いつつ四庫全書の最初の完成は47年（1782）であったが、その裏面である禁書の捜索は57年（1792）まで継続された。禁書体制の完成は乾隆39年（1774）の開始から19年間を要したことになる。

　禁書とされる要件は清朝（金・元も含む）統治への不満や満洲族（蒙古族も含む）への蔑視や敵視の内容、宋・明等の漢族王朝や漢族英雄への追慕、程・朱理学に抵触する異端思想や道徳・風俗を混乱させる異端文学、清朝皇帝に嫌われた銭謙益等の文人の著作であった。なお付言すると、明の失政から拡大した流賊や叛乱及びそれらの指導者への記述は対象とはなっていなかった。

禁書の調査は以下のような機構と組織が担当した。中央では紅本処が内閣所蔵の書籍を、四庫全書処が各省から集められた書籍を、軍機処は各省督撫が禁書として送ってきた書籍を、各々が役割分担した。地方では督撫指揮下で省府州県に収書局が設けられ、集められた書籍は布政使司から督撫に送られ、督撫はこれらを軍機処へ、軍機処で検閲後は四庫全書処で再度調査の後、乾隆帝自ら目を通し批准した後、全国に通達された。禁書と判断されると、「全毀」の場合は版木を含めてすべて棄却され所有は許されず、「抽毀」は不都合な部分を削除又は字句の改定により焼却を免れた。こうして乾隆53年（1788）の初歩的な統計では「全毀」2,453種、「抽毀」402種で、四庫全書に収められた良書3,470種と比較して前者は四分の三、後者は八分の一弱に当たった。

2．禁書と明末清初の野史

明朝倒壊の年、崇禎17年（順治元）を伝える資料は政府関係の文書、いわゆる軍関係の情報も含む檔案か、当時を生きていた個人の文書・日記等によるが、後者で叙述される内容は直接体験とともに伝聞に基づくものも多く、通常は野史と呼称される。先述したとおり『明史』編纂において天啓年代の一部と崇禎年代の全部の実録を欠くため、明史編纂時期では、その対象となる野史も重要な資料として集積された。

本著の李公子伝承、特に『明史』流賊伝に挿入された李公子＝李岩説を伝える内容はほとんどが野史によった。禁書以前の時期では清朝を誹謗する著書に対し、順治18年（1661）から康熙2年（1663）にかけて『明書』案を皮切りに、厳しい文字の獄が展開された。『明季実

録』の著者顧炎武は逆書捏造の理由で投獄(康熙6年)され、『明季南略』の著者計六奇も同書案(康熙10年)で、呉偉業『鹿樵紀聞』(後の『綏寇紀略』)を刊行した弟子の鄒漪も自身の著書『明季遺聞』によって投獄された。野史が清朝支配の安定にとって非常に危険なものとして、再度注目されたのは『豫変紀略』刊行者、彭家屏の事件である。彼は河南帰徳府夏邑県出身の進士で、布政使を退いた後郷里に帰省していた。その彼を巻き込んだ事件が乾隆21年(1756)秋から22年にかけて発生した。以下『乾隆実録』・『東華続録』、民国『夏邑県志』により事件の顚末を概略してみる。

　22年(1757)1月から4月にかけて乾隆帝は第二次江南巡行を行い、直隷・山東・江蘇・浙江四省を経過した。21年(1756)秋より夏邑・商邱・虞城・永城等の河南省帰徳府諸県は厳しい水災に見まわれた。河南巡撫図勒炳阿(トゥルビンガ)は賑恤を必要とする状況とは認めなかったが、夏邑県の人彭家屏は郷紳の立場から厳しい水災の事態を上奏し、乾隆帝は河南巡撫に賑恤を命じた。続いて巡行の際山東・江蘇の状況を直接見聞した乾隆帝は、彭家屏を接見して直接河南の状況を聴取した。見解の異なる彭と巡撫の二人を一緒に現地の調査に向かわせるとともに、側近の一人を密に四県に行かせ状況を調査させ、その報告を受けて彭家屏の見解を妥当と認め、水災状況の判断を誤った巡撫を革職し当該四県知県の処分も決定された。夏邑県の重鎮である郷紳彭家屏の上奏の結果賑恤を得るという成果を受けて、22年(1757)4月、山東から江南に巡行する乾隆帝に、夏邑県民張欽、劉元徳が各々立て続けに直訴し、水災の実情が把握されていないこと、賑済がきちんと行われていないことを訴えた。これらの直接行動に激怒した帝は県民の背後で

教唆する人間がいると判断して調査させ、この結果彼らに旅費を与えて行動させていた生員段昌緒、武生劉東震の存在を明らかにした。

　出頭命令に応じない段昌緒の家屋を捜索した際、康熙22年（1683）に始まる三藩の乱時、平西王呉三桂が発した清朝征討の檄文の写しが発見された。しかもこの文章中の内容に賛意を示す朱色の丸や点が付けられた上、賛文まで加えられていた。夏邑県における「風俗人心の敝壊」を疑った乾隆帝は彭家屏を上京させ、呉三桂の檄文を所有しているかどうかをしつこく詰問した。彼はその檄文を所有してないし、見たこともないと否定したが、明末の野史を所有していると告白した。かれの蔵書としてあげられた明末野史は『潞河聞』・『日本乞師』・『豫変紀略』・『酌中志』・『南遷録』等で、ほとんどが天啓・崇禎時代の「政事」等の書であった。早速これらの野史に「悖逆詆毀の言」の有無の確認のため、調査員が派遣された。しかしこの直前、段昌緒の「逆書の信」が伝えられると、家宅捜索で家中の書籍が調べられれば所蔵する明末の鈔本等が「違礙」とされ、文字の獄にかかる恐れを感じた彭家屏の息子、彭傳笏は先回りしてこれらの書籍を焼却してしまった。この行為が乾隆帝と彼の側近に不信感を増すことになり、彭家屏親子及び今回の取調べを受けた夏邑県の容疑者は全員極刑に処せられた。

　乾隆帝は刑の決定にあたり、もともと野史は清統一期の混乱時に作られ、書かれていることは「好事の徒」によるありもしない荒唐無稽の内容である。その野史が

　　（統一以来）百有余年、海内搢紳の家、其の祖父より、世々国恩を受く。何ぞ伝写し収蔵するに忍びんや。此れ実に天地鬼神の容さ

ざる所なり。

『乾隆皇帝実録』乾隆22年6月丁卯のごとく野史が縉紳の家で長期に亘り、代々収蔵され読まれていることに危機感をつのらせた。この事件は清朝を誹謗する内容を持つ書籍の存在に危機感を募らせていた乾隆帝が、禁書捜査を本格化した先掲の39年（1774）上諭にある、野史禁止命令に直結する。さらに44年（1779）、地方志でも内容に違礙あれば鏟燬の処置とすることを追加した。

李公子＝李岩についての記録は檔案類などの公文書になく、ほとんどが野史によっている。李岩伝承を含む明末清初の事実や伝聞を伝える野史と、文字の獄・禁書体制との関係はどうであろうか。すでに述べた如く康熙年代、『明季遺聞』著者鄒漪（すうい）や『明季南略』の著者計六奇等の如く、文字の獄にかかった書は当然禁書とされた。乾隆39年（1774）以降、禁書摘出が本格化する中で、本著に関連する野史の運命はいかがであろうか。鄒漪『明季遺聞』は江蘇省の第八次集計（43年6月）で46部、第十二次（44年6月）で20部、両江総督による第十次集計（46年4月）でも得られ、江南を中心に広く士大夫が所蔵していたことが伺われる。鄒漪はこの他にも著書『啓禎野乗』が禁書とされた。三部小説の『新編勧閫通俗小説』（45年1月、両江総督第八次集計）、『定鼎奇聞』（43年9月、両広総督第四次）、『樵史通俗演義』（46年11月、湖南省第五次。46年2月、両江総督第9次）はすべて禁書とされた。先に述べた彭家屏が刊行した、李岩の存在を自身の体験から否定する鄭廉『豫変紀略』は江西省の第十二次（45年6月）、同十七次（40年代）集計で中央に送付され禁書とされた。その他にも彭孫貽『平寇志』、銭䂊

『甲申伝信録』、楊士聰『甲申核真略』、馮夢龍『中興従信録』、谷応泰『明史紀事本末』、趙恒夫『寄園寄所寄』等禁書とされた例は枚挙にいとまない。李公子＝李岩伝承はほとんどがこうした野史に記載され、それらの多くが禁書に指定されたにもかかわらず、李岩伝承が禁書体制の中で拡大していったのは何故であろうか。

3．禁書体制と李岩伝承の拡大

　すでに明らかにしたように、檔案や公式文書に記載のない李岩伝承が、三部小説や『綏寇紀略』等の記述内容を整理した毛奇齢により『明史』流賊伝中に挿入された。この『明史』流賊伝の内容で描かれた李岩関連の内容が、さらに拡大され伝えられていく媒介となったと思われる三つの書籍を挙げて検討してみたい。

（1）『明史』の公認と『御撰資治通鑑綱目三編』

　乾隆4年（1739）、張廷玉を主編者とする正史『明史』が勅許を得、その流賊伝では杞県の人李公子＝李岩に関する伝承が清朝により史実として公認された。同年8月、紀伝体の『明史』の内容を編年体で歴史叙述するよう乾隆帝から命じられた張廷玉等は『御撰資治通鑑綱目三編』を編纂し、乾隆11年（1746）の序を付し刊行したため、李岩伝承は史実として一層の権威を有することになった。咸豊11年（1861）序のある徐鼐『小腆紀年附考』巻1は李岩が農民の賑済、紅娘子との絡みからの下獄、彼らによる救済という関連については「『資治通鑑綱目三編』の言が実に近い」と評価しているように、同書は後世にわたり『明史』で述べる李岩伝承の権威を、一層高めるのに一役かうこ

とになった。

（2）戯曲『芝龕記』

李岩は烏有先生説をとる欒星は『明史』成立後、李公子＝李岩像を広めるのに重要な役割をはたしたのは戯曲『芝龕記』であると考え同書を徹底的に批判をしたが、具体的に同書に則した紹介と批判を公にしていない。そこで『芝龕記』とはどんな戯曲で、その中で李公子＝李岩をどのように描いているのかを見たい。

作者董榕は北直隷豊潤県の人、生員であった。12年ごとに実施される、生員の学行ともに優秀者として各省から推薦された抜貢生の全国試験が実施された。乾隆丙辰（元年、1736）の試験に参加した董榕は最優秀（「廷試第一」）の成績を収めた。以後彼は河南省の二つの知県、鄭州知州及び浙江省金華府、江西省の南昌府・九江府の各府知事を歴任した。彼は科挙試による出世コース、進士出身ではなかったが、乾隆帝の人材抜擢方針によって見出された実務型の優秀な官僚であった。著者佐藤は光緒24年（1898）江夏董氏重刊本『芝龕記楽府』6巻を、東京大学東洋文化研究所の倉石文庫で見る機会をもった。

本戯曲は60幕（「齣」）からなる長編で、明のために戦った女性将軍、秦良玉と沈雲英の伝記を中心に記述され、正史『明史』の内容を基本に野史の内容も挿入して、明末から南明の弘光（福王）政権時期の史実が詳細に語られる。秦良玉は万暦27年（1599）、播州（貴州省）宣尉使楊応龍の乱の際、命を受けて石砫宣撫使の夫・馬千乗とともに出陣し、夫の戦死以後宣撫使職を継承した。以後総兵官として、明に命ぜられるままに貴州・遼東・北京等を転戦し、非漢民族の乱・清軍・流

三　清代中期、李公子＝李岩説の公認と反発

賊と戦い、その間息子夫婦も戦死している。郷里の四川に帰郷後も張献忠に下らず、順治5年（1648）に死去した。明朝への忠誠故に、『明史』巻270に伝が立てられているが、正史列伝史上、女性将軍で伝を立てられた唯一の例である。沈雲英の父・至緒も道州（湖広永州附属）守備に任ぜられた軍人で張献忠に攻められて陣没するや、彼女は敵陣に乗り込み父の屍を奪った。その後の攻防戦でついに道州を守りきり、功により游撃将軍職を授けられ父の任を継いだが、夫を荊州の戦で失った後、職を辞して紹興府蕭山県に帰郷した。二人の伝はいずれも少数民族居住地域の四川・湖広山間部における明末の史実が軸になっている。

　『芝龕記』について後世様々な評価がなされている。最も高い評価は、康熙年代、孔尚任が40幕にまとめた清代の代表的戯曲『桃花扇』に匹敵するか或いはそれを上回る傑作とする。周知のごとく同書は明朝の倒壊と弘光朝成立の史実を背景とした、文人侯方域と秦淮の名妓李香君との恋愛と別離を描いたもので『西廂記』、『牡丹亭』と比べても遜色ない作品と言われる。しかし『芝龕記』については次のような評もある。乾隆から嘉慶を生きた進士の四川綿州の人李調元は、『芝龕記』に記されている明末の史実はみな根拠があって作品は傑作であるが、最大限漏らさずすべてを描こうとするので、舞台で演ずる者は理解できず困惑した（「演ずる者或いは之を病む」『雨村曲話』）という。清末長沙の人で挙人の資格を有するが、おもに雲南・貴州で幕客生活を送りながら著述をした楊恩壽は、同書は構成がしっかりしているものの、幕ごとに本文（「正文」）以外に付け加えられた考証内容や引用が多すぎて枚数が増えすぎ、このため言わんとする主題が不明確とな

り、戯曲のための作曲もつけにくい(『詞余叢話』)。

　次に『芝龕記』がなぜ権威を有するのか、この作品の完成に絡んだ人々に触れる必要があろう。乾隆辛未（16、1751）年付けの序文を寄せたのは、雍正の進士で徐州知府も勤めた文人邵大業である。序文に継いで「引訓」として掲げられたのは王陽明の『伝習録』、『明史』秦良玉伝、及び本著主題の一人である烈女沈雲英を称えた『明史』流賊伝の執筆者毛奇齢による墓誌銘（「故明特授游撃将軍道州守備列女沈氏雲英墓誌銘」）である。又特に注目すべきは唐英がこの『芝龕記』に目を通し、晩年の号である蝸寄居士の名をもって文中の数箇所で評を加えていることである。周知のごとく唐英（1682〜1756）は漢軍正白旗の軍籍出身で、いわゆる科挙試によらず16歳から内務府での実務の実力を見込まれて頭角を顕し、康熙・雍正・乾隆三代の皇帝に仕えた。特に江蘇省淮安関や九江関等の税務長官とともに景徳鎮の官窯督造も兼任した。結局27年間の長期にわたり、御厰督造として景徳鎮に関係した。その唐英と作者董榕の接点について、清末から民国の人呉梅はその著『顧曲塵談』下で、江西省九江関督理税務兼窯務の唐英が、九江府知府として赴任していた董榕と「詞曲」の趣味を通じて知り合い「故に相に得て甚だしく喜」んだという。董榕の九江府知府は乾隆18年（1753）〜21年（1756）であるので二人の交流は乾隆18年（1753）頃と考えられる。その縁か75歳の唐英が体調を崩し解任された乾隆21年、ほんの暫くであるが董榕は九江関税・窯務を命じられている。こうしたことから『芝龕記』の出版時期は序文の寄せられた18年（1753）から21年（1756）の間と考えられる。

　結論としていえるのは、すでに先に『芝龕記』の評価でも紹介した

三　清代中期、李公子＝李岩説の公認と反発　　91

が、呉梅もその著『顧曲塵談』下で次のようにいう。作品内容では『桃花扇』と匹敵するが、戯曲の台本としてはまれにしか使用されない詞調が好んで用いられているため、音楽の調子が難しく、歌唱芸人が間違いを恐れて演じるのを避けたという。そのため「流伝広がら」なかったと紹介している。欒星が批判する内容と異なり、『芝龕記』は戯曲として爆発的に大衆の間に広がることはなかった。しかしその構成と実証は後の作家や著作に与えた影響は大きく、しかも『明史』の正当性を拡大した。

　『芝龕記』の性格に関しての紹介がやや長くなってしまったが、本題の李岩伝承との関連について見たい。『芝龕記』は明に忠節を尽くした二人の女性武将が主題であるが、李岩に関しては第48幕〈狐奔〉、58幕〈雙全〉に登場する。丑角（道化役者）に李信、彩旦（よこしまな女性役）に紅娘子が配された第48幕の冒頭の内容を紹介してみよう。

　　（李公子下僕を従えて登場）

　李公子　崔（呈秀）・魏（忠賢）亡び、張（献忠）・李（自成）乱れ騒ぎ、世の中相次いで災いに遭う。私の家も奄党とされ、名誉を失ってしまったことを恨む。財産も倉に山と積まれているのも空しいし、それらが強盗にあって空しく喪われるのではないかと心配になる。

　　　　　私は尚書李精白の子李信だ。原籍は杞県だが、別に潁州に家と土地がある。かつて父が魏忠賢と付き合いが有って尚書となり、巨万の富を蓄積した。今上（崇禎帝）の初年、魏忠賢は伏誅され父も逆案に組み入れられ、人々

は我が家を奄党と呼ぶ。私も以前郷試に合格して挙人となったが、この悪名をずっと浴びせられて耐えられない。思うに今流寇が充満し、朝廷は勧餉や練餉を加派するため人々は生活の場がなく、その上毎年旱・蝗が連続し、米の値段が高騰しっぱなし。久しく貯めた穀物は流賊に放火・掠奪されるのでなければ、飢民に略奪されてしまう。それに役人は貪欲でいいがかりをつけては賄賂を要求する。こうなったら財を散じ、広く好義の名声を得た方が良い。そういうことで家の倉を開き、思い切って穀千石を放出することにした。お前（下僕）達、今日早く倉を開き貧乏人達に穀物を受け取りに来させなさい。

このように董榕は魏忠賢に組し奄党とされた李精白の子李信が杞県支配層から孤立し、飢民を救済するに至る過程は、『明史』をベースに叙述している。但し『芝龕記』では『明史』流賊伝と異なる内容を語る。『明史』の李栩伝承を削除、挙人李岩は杞県の人、父親は李精白とした内容を継承したものの、原籍に関しては『綏寇紀略』の割注に記述された父親李精白の原籍は穎州（川）衛とする説を捨て切れず、杞県と穎州についての統一解釈に悩んだようで、結局李信・李精白親子は原籍杞県、別に穎州にも生活基盤（「業」）を有していたとの再解釈をなしている。さらに窮民を救済する動機を、貯めた財を官や飢民や流賊に奪われてしまうなら、自ら財を散じて「好義の名声」を得た方が良いとする解釈をなしている。『芝龕記』が拠った『明史』の内容と異なる第二点としてあげられるのは、李岩と紅娘子の関係である。この問題は次の4節で述べる。

なお『芝龕記』が出版されたと考えられる乾隆16（1751）〜18年（1753）代は乾隆の盛期で、帝は思想面から清朝の統治体制を確定すべく開始された四庫全書・禁書体制の作業開始と並行して、もと明朝の官僚で清朝に投降し活躍した漢民族官僚の人物評価の変更、いわゆる貳臣の確定作業もはじめた。明末流賊については清代前期の著名な明の遺臣や思想家にも同情論が多く、特に挙人出身で李自成軍に投じて農民や商人に対しての救済策、軍の秩序保持を提起したといわれる謎の人、李岩に関しては明末清初を生きた知識人は同情と共感する評価も多かった。

　こうした傾向に対し『芝龕記』の作者は第58幕「雙全」で、順治初年にすでに死亡した牛金星、李岩の魂を冥土に引き立てさせ、天界の聖帝が冥土の法（「冥法」）をもって裁きを行う場面を設定し、李岩については次のような判決を下させている。

　　逆賊李自成は、もしおまえ（李岩）が李公子の名を貸さなければ、どうして（一度は）敗れたのに又復活できたであろうか。おまえが闖王を迎えよという歌謡を造らなければ、人々は煽動されたであろうか。だからおまえは逆賊の功績第一位で、実にその首魁だ。

このように同情をもって伝承された李岩に対して、冥法による判決の名のもとに闖賊の首魁と断定し、彼に対する否定的見解を示した。

（3）『綏寇紀略』の公認

　李岩伝承を伝える多くの野史が禁書に指定されるなかで、李公子＝李岩伝承が広範に広がる第三の理由として『綏寇紀略』が公認され四庫全書に挿入されたことが挙げられる。同書は毛奇齢が依拠し、『明

史』流賊伝にその内容が取り入れられたことは先に見た。しかしこの『綏寇紀略』も、一度は軍機処から「抽燬」書の候補リストに入れられて提出された。調査の結果、

> 此の書は国子監祭酒呉偉業の撰に係る。其の書は専ら明代の流寇始末を書す。……叙述は詳細にして頗る史学を裨する有り。業経に四庫全書に鈔入せられる。外省、呉偉業の詩集鈔燬に因りて、遂に此の書も併せて一概に送鈔す。今査するに明らかに並して違碍なし。応に請うて鈔燬するに及ぶなかるべし。

の如く廃棄する必要なしと裁定された一冊である。『綏寇紀略』(原名『鹿樵紀聞』)はこの史料中にもあるようにすでに四庫全書の史部・紀事本末類に納められ、野史に近くても明末流寇史を記述した書として清朝公認の権威を獲得していた。それでも外省から禁書候補としてあげられたのは、かつて呉偉業の『梅村詩文集』に、呉偉業・龔鼎孳と共に併称される江南三大家の一人で、乾隆帝から著作をすべて禁書とされた銭謙益の序文があったため、これのみ削出を命じられて出版が許可された事件があったので、呉偉業と銭謙益の友人関係を考慮して外省の巡撫等が候補に入れたと思われる。

4．紅娘子伝承（物語）の展開

欒星は呉偉業の紹介した紅娘子の歴史的存在を否定する一方、『綏寇紀略』に附した割注の紅娘子が城を破るという伝承はすでに江南で流伝しており、したがってこの紅娘子物語もすでに以前から流伝していたと推論する（欒星著書、p.103）。だが残念なことに、欒星は江南の伝承と推論するものの、これに関する具体的調査や論証を公にして

三　清代中期、李公子＝李岩説の公認と反発　　　95

いない。さらに氏は現代に至るまで李岩と紅娘子に関する内容が小説や戯曲に格好な題材を提供することになったのは、先述したように、乾隆期に出現した戯曲台本『芝龕記』が二人の伝承内容に脚色を加えたためであると断言する。しかしながら氏は本戯曲内の二人については具体的に述べていないので、先に触れた李岩と同様、同書で李岩と紅娘子がどのように描かれているかを紹介してみよう。『綏寇紀略』・旧北京蔵書本・『明史稿』・『後鑑録』・『明史』で紅娘子は河南の賊、縄伎の女と記されていたが、『芝龕記』では

　　妾は紅娘子、大道武芸者（「江湖上走解」）の出自であるが、已に
　　数千の人馬を有す。

とあり、紅娘子は騎馬による馬上での勇壮な演技を披露する職業としての技芸者集団を率い、崇禎13年（1640）段階では人馬数千を率いる有力な寨主の一人として、地方官や河南の支配層から賊扱いされていた。当時河南は年々天災飢饉に見舞われ人々の生活は立ち行かず、彼女は評判の高い李信を「寨主」に迎え大事を図ろうとしたという設定になっている。

　さらに紅娘子と李信は夫婦となり、李自成軍に参加する。この時一緒に行動を共にしたのが、李信と同年の挙人で、死亡した妻の父に訴えられて下獄させられ、やっと出獄した牛金星とその娘であった。李自成は李信を李岩と改名し「輔徳将軍」に任じ、李自成の側近として中営で「事を議」せしめ、紅娘子は「輔徳夫人」に任じられた。牛金星は一緒に連れていた娘が、当時李自成に不在であった正妃に迎えられたため、彼は軍の参謀で皇后の父（「軍師国丈」）に任じられたとする。

　李岩と関連する紅娘子なる人物は『綏寇紀略』で始めて伝聞が紹介

され、『後鑑録』等から正史『明史』等に載入され、『芝龕記』でさらに肉付けされた。この李岩と紅娘子について清朝三代の皇帝に仕えた例の唐英は、自身の号により「蝸寄居士評す」として次のような評を寄せている。

　　闖賊の原委を叙するは、半ば実にして半ば虚なりと雖ども、皆情有り理有り。紅娘子の李信を擄らえるに至りては、実に眼生別致たり。

　唐英は李自成軍に冠する事の顚末は虚実相半ばであるがすべてに情と理があり、特に紅娘子が李信を捉える話は目新しく特別の面白みがあると関心を寄せている。

　次に文学や民間伝承中でも紅娘子なる名称は豊富である点について触れてみよう。曲子名として『紅娘子』は敦煌文書に見られ、或いは元曲『西廂記』に見える恋する男女の間を取り持ち、その願いを成就させる紅娘が有名である。一方、1980年代より中国で長編叙事としての山歌の蒐集整理がなされてきたが、その一つの語り物に『紅娘子』がある。大木康の興味ある論考（論文1989）中で紹介されている『紅娘子』は、山歌として南通地方に三種類、崇明島に一種類、伝説物語として開封の大相国寺に関するもの一種類である。

　これらの紅娘子はサーカスの女芸人、農民、塩民というように、歌われ語られる場によって紅娘子の職が変化するが、いずれも悪い男に横恋慕されその陥った窮地を各種の方法をとって脱する筋書きである。明朝倒壊期の史実が織り込まれている南通の『紅娘子』には、南通の農家の娘紅娘子に横恋慕した土地の悪覇馬公子により彼女の恋人が殺されたため、上京してこの件を皇帝に直訴するものの、逆に皇帝が彼

三　清代中期、李公子＝李岩説の公認と反発

女を気に入り后妃になるようにいわれたため、これを拒否して李自成軍に身を投ずるという内容を含む。又杞県を管轄する開封府城内にある相国寺と関連する紅娘子は、サーカスの女芸人として同寺前で公演を行っていたが、土地の悪覇である知府の息子に横恋慕され、彼と結んだ相国寺の悪僧の姦計に陥りそうになるものの、うまく危機を脱する。大木によるとこうした口承文芸における紅娘子の内容は、長江南岸の各地には伝えられておらず、歴史的には人の流動を通して北方起源の話が南通等に伝わり当該地で内容を豊富にしたという。

『綏寇紀略』に記される、杞県城を破り獄中の李岩を救出した「縄妓の女」紅娘子が実在の人であれば一体誰なのか。明末の流賊の乱では多くの参加者が呼称として綽名を用いているので、実名が不明の場合も多い。清代から現代まで文学作品や戯曲で描かれるように、李岩と夫婦であったとしても乱の過程では女俠として戦闘等の場面中にその名を記されてもよいはずであるが、崇禎13年（1640）末以外に紅娘子の名は見られない。「紅衣」を身にまとって白蓮教の一部隊を率いていたので紅娘子といわれたとして、乾隆『杞県志』巻2天文志にある崇禎11年（1638）7月、二昼夜にわたり杞県城を攻めた白蓮一派の記事に比定したり、又北京占領時に郷里の大官劉理順を保護するために派遣した「紅衣一人」に擬する論もあるが、考証は難しい。

欒星のいう呉偉業が『綏寇紀略』中で割注に取り入れた、紅娘子が杞県城を攻めたという江南伝承なるものも詳細が不明で、長江以北には紅娘子伝承が各地に見られるものの、李岩らしき人物との関係や攻城を伝える内容は見られない。なお王興亜も著書『李自成起義史事研究』五章内で、紅娘子とその事跡は証明が難しいことを述べている。

紅娘子関係の民間伝説は豊富であるだけに、李自成や李岩関連の史実に類する内容中に紅娘子がそれらの核として描かれていないため、李岩論争以上に困難な課題を持つ。清末・民国年代に書かれた小説等では、紅娘子の話はさらに想像がふくらんで人々に伝えられていく。この問題について State University of New York, Buffalo Professor、アメリカ人 ROGER V. DES FORGER（中国名、戴福士、以下中国名を使用する）は論文（1986、五章C註）で次のごとく推測する。唐代張説の伝記小説『虬髯客伝(きゅうぜんかくでん)』で、隋を倒し唐の樹立のため起義した領袖李淵・李世民に協力した将軍李靖に従って活躍する、張姓の女性奴僕（紅拂妓）を描いたが、呉偉業はこの紅拂妓を李岩故事中の紅娘子としてイメージして挿入したのではないかという。呉偉業は紅娘子問題にどれだけの確信をもっていたか、李岩と紅娘子の関係に関する情報をどのようなルートで得たのかは、今後の重要な研究課題である。

C 李公子＝李岩説への反発

1. 河南開封府杞県

　清は統治の必要上、順治より地方志の編纂を奨励した。康熙18年（1679）5月、第三回目の『明史』編纂の詔が発せられ明史館が開かれたが、これは前二回よりも大規模で本格的であったのは、先に見た通りである。『明史』編纂に資するため康熙30年（1691）前後、地方志編纂が奨励された。河南でも中央の方針を受けた巡撫を先頭に、各地で地方志の編纂が進行していた（欒星著書、p.65）。杞県でも康熙32年序『杞県志』が刊行された。この書は中国にも完本はないようで、

三　清代中期、李公子＝李岩説の公認と反発

日本にも所蔵されていない。乾隆53序・刊『杞県志』巻24叙録志には、これ以前に刊行された『杞県志』の序文が再録されている。再録された知県李継烈の序によると康熙32年『杞県志』は、巡撫の「圖冊を遍徴し、以って国史の採択に備えよという命」に従い、未刊行だった旧志の誤りの修正と順治16年（1659）から康熙32年（1693）までに関する大幅な内容の増補をなしたといい、また同じく序を寄せた杞県の人張発辰は「邑乗は乃ち国史の権輿」にして「この書は当に国史と並び不朽なるべし」の如く、県志が国史（『明史』）の基礎でありこの『杞県志』は『明史』と並ぶ不朽の書と自負する。したがって『明史』の編纂、「史局」の開局を強く意識して編纂がなされた。なお杞県志に関する論争は本著五章Ｂ３を参照されたし。

　噂の杞県出身の挙人李岩の話が、正史『明史』の流賊伝に挿入されるらしいとの情報が伝えられていたので、当然康熙32『杞県志』編纂者は杞県に李岩なる人物は存在しないことを反論することが緊急課題であり、特に巻末に「附〈李公子弁〉」を掲載した。こうした李岩に関する材料は『樵史通俗演義』が提供していることは公然の秘密であった。この『樵史通俗演義』が『明史』編纂の材料の一つとして意識されていたことは、本著二Ｂで触れたように、『清実録』康熙４年10月己巳（『東華録』康熙一巻）に山東道御史顧如華の上奏があり、そこには実録の不足或いは欠落する天啓・崇禎年代の史実を再構成するためには政書・世族大家の記録から野史や古老の伝聞を含めた材料を蒐集することが提言され、その挙げられている参照すべき五種の書籍には、『三朝要典』・『両朝従信録』等とともに『樵史』（『樵史通俗演義』）が含まれていた。

「附〈李公子弁〉」における『樵史通俗演義』に対する反論の要旨を列挙してみる。その第一は李岩が挙人に合格したと伝える万暦43年(1615)の杞県の挙人合格者は、劉詔一人のみで李岩の名はない。第二に父は甲科の部属(六部の属)とあるが、崇禎年代、杞県人の進士合格者で部属者はいない。なおちなみに、父といわれる李精白は万暦41年(1613)の進士である。第三に李自成軍に参加の直前、李岩等が宋知県を殺害したとあるが、崇禎年代の杞県で宋姓の知県は宋玫(崇禎元年から4年)のみで、李岩が乱に参加したと伝えられる崇禎13年末(1640)の知県で宋姓なる者はいない(乾隆『杞県志』巻9職官志では崇禎10〜13年までの杞県知県は蘇京と記す)。

このように三部小説の内最も整理された内容を持ち、『明史』編纂の際の参照文献として推薦されている『樵史通俗演義』を批判し、これらの野史がいかにでたらめで論ずるに足りないことを述べた後で、さらにもう一著、権威のある歴史家・谷応泰までが『明史紀事本末』巻78中に

　　崇禎12年(13年の誤り、佐藤)12月、……杞県諸生李岩、之が謀主となり、賊毎に剽掠して獲る所を以って飢民に散済し、故に至る所咸な之に帰附し、兵勢益々盛んなり。

と記したことをとらえ、史実にない李岩に関する記事を「妄りに采入を行う」と批判し、こうした内容が「深く恐るに、史官又察せずして之を収むれば、其れ信史と為し難きを。」と、『明史』編纂者に影響を与え、同書内に採用される危険性を危惧している。

これより2年後の康熙34年(1695)、杞県を管轄する開封府の府志が刊行されたが、同書巻40〈辯疑、備遺附〉で先の『杞県志』「附

三 清代中期、李公子＝李岩説の公認と反発　　101

〈李公子弁〉」を全文掲載し、重ねて厳しく『樵史通俗演義』の李岩に関する内容は根拠がなくでたらめであると批判した上、この書は「一売国大老の人を雇い代作」させたものとまでいう（売国大老とはどのような人物を意識していたのであろうか？）。そして『杞県志』では史官が李岩問題の採用の可能性を危惧するという表現であったが、府志では

　　明史正に纂修に在るも、倘し又察せずして公然と采録せんとせば、
　　忠義の郷をして不白の冤を受けしめんとす。

といい、すでに編纂されつつある『明史』中に杞県の李岩に関する有りもしない小説のでたらめな内容（『樵史通俗演義』）が採録されているとすれば、忠義の郷である杞県に冤罪を受けしめるといい、さらに上文に続けてこうした行為は正史の信頼を損なうものと警告する。

　河南帰徳府商丘県の人鄭廉は『豫変紀略』（康熙40修・乾隆8刊）を著した。彼は少年時代、李自成に併合されるまで明末流賊の雄の一人、羅汝才軍に捕らわれその営中で過ごした経験を有した。彼の著書巻4で前掲康熙『杞県志』「附〈李公子弁〉」を全文引用しているが、特に凡例では

　　予が家は杞を距てること僅かに百余里、知交は甚だ夥く、豈見聞
　　すること無からんや。即ち不幸にして賊に陥るも、亦賊中に李将
　　軍、杞県の人なる者有るを聞かず。

と述べ、杞県は自分の郷里と近く、知人も多いが李岩なる人物については聞いたことはなく、さらに自身が捕らわれた羅汝才軍中でも杞県の人李将軍なる名についても同様であるといい、李岩は伝聞に基づく烏有先生つまり実在しない人物と、その存在を否定した。さらに鄭廉

はこうした伝聞を広めたとして、呉偉業の弟子鄒漪『明季遺聞』、及び彭孫貽『流寇志』を新たにあげ批判している。なお乾隆11『杞県志』も「附〈李公子弁〉」をそのまま掲載している。

２．南直隷鳳陽府潁州

　先に第二章のＡ３において順治11序・刊『潁州志』で、李栩が郷里の潁州で李公子、彼の組織した郷兵が「李闖子の兵」と称されていたことを見た。こうしたイメージは康熙年代にも伝えられている。例えば浙江省鄞県の人で康熙27年（1688）の進士范光陽は『雙雪堂集』を著し、その中で「李栩伝」を紹介している（朱蘭坡輯『国朝古文彙鈔』〈『右台仙館筆記』〉巻16所収）。実はこの内容は上記の『潁州志』の李栩伝中にあるのだが、後述するように後世地方志の編纂において李栩伝のこうした内容が削除されたため、この出典が不明になっていた。

　現在日本では乾隆17序・刊『潁州府志』（雍正13年、潁州は府に昇格）、乾隆20序・刊『阜陽県志』（府志完成後、新たに設置された阜陽県に県志がなかったので編纂）を閲覧することができるが、残念ながら康熙55序・刊重修『潁州志』を見ることが出来ない。李自成集団に多大の影響を与えたといわれる李岩伝承では、彼の父親が李精白と言われたため、父親が同じという理由で江南を中心に早くから李栩と李信（李岩）が同一人ではないかとの噂があった。したがってその李精白の地元である潁州と阜陽県では、『明史』編纂の進展で李栩が李岩と誤解されたまま正史に記載されてしまうという危機感が強まっていた。その状況は上述の二種類の地方志李栩伝に投影されている。

　順治『潁州府志』巻８人物志、李栩伝では、潁州の人々が彼を李公

三　清代中期、李公子＝李岩説の公認と反発

子と呼称したとか、食客数百人分の朝食を賄うとか、文人・武人の溜まり場であるという豪族的側面や彼の編成した武装組織・郷兵が、賊からも李闖子の兵と恐れられたというような表現は、乾隆刊行の両地方志から整理・削除された内容となっている。これは明らかに李信（李岩）と重なるイメージを避けるためと思われる。さらに乾隆『穎州志』は李栩伝の後に、編者の註解である按語を載せ、李栩は噂の杞県の李岩とは別人であることを以下のようにいう。

　按ずるに河南杞県挙人の李信は闖賊に従い、名を厳と改め、称して李公子と為し、伝えるに李精白の子と為す。李氏家乗を攷するに、精白の原籍は山東兗州府曹県固村の人なり。明初、李天従は徐達の征元に従い功有りて、穎川衛右所小旗を授かり総鎮に陞りて後、穎州の人と為る。穎川衛は河南開封府郷試に附し、故に精白は開封府籍為るも、杞人に非ず。精白の生子は長（男）が李麟孫、次（男）が鶴孫なり。崇正八年流賊穎を破るに当りて、鶴孫已に先に死す。李信の賊に従うは則ち崇正十三年に在り。麟孫は栩と改め、崇正八年自り義勇を以って郷里を保護すること著しく、十五年に至りて流賊袁時中に死す。而して李信は十七年、闖賊僭号の後に至りて、始めて牛金星に譖死せらる。麟孫、鶴孫の存没年分を以って攷証するに、殊に相符せず。李精白止だ二子一女を生むのみにして、麟孫、鶴孫の外、信を名のる者有る無し。麟孫、鶴孫は倶に万暦の年入学し、鶴孫は早死にし、麟孫は崇正元年の抜貢にして亦挙人に非ず。河南杞県志を閲するに及び、李公子辨有り。李厳は並して杞人に非ずと謂う。……伝聞は実を失すること大概然るなり。邑人李祖旦記す。

このように李栩が、李自成の参謀の一人となって李公子と呼称された李岩（李信を改名）ではないかとの噂が広がっていたため、伝聞の誤りを正す目的で、潁州の人李祖旦（康熙54年の進士）が李栩の父親李精白の族譜『李氏家乗』を調査した結果が、上記の内容である。

『李氏家乗』よると、李精白の原籍は山東兗州府曹県固村である。明初、徐達の元征討に従軍した祖先の李従はその功績で、南直隷潁州に置かれた潁川衛右所小旗を授けられ、さらに総鎮に昇進した。彼の長男李栩は幼名を李麟孫といい、後李栩と改名後、崇禎8年（1635）「郷勇」をもって郷里を保護し、13年（1640）に袁時中に殺害されたのに対し、杞県の人李信は13年に李自成軍に参加後李岩と改名し、17年（1644）5月に牛金星の讒言により殺害されているので両者は別人である。又李栩は貢生（抜貢）であって李岩の如き挙人ではないと、伝聞に反論する。

さらに李栩と李岩は全くの別人であることを証明するためには、両者の父親とされる李精白が杞県とは関係ないことを明らかにする必要があった。原籍が南直隷（清代の安徽省）潁州の人間がなぜ河南と関連するのか。実は河南開封府杞県の人間でないことを証明しても、彼は科挙の挙人・進士の合格時の籍は「河南中式進士」（乾隆『潁州府志』巻17）の如く、開封府である。開封府と関連あることは確かなのに、その付属の杞県とは関連なしということになり、その証明はまことにややっこしい。なぜこういう事態になるのか、すでに欒星が明らかにしているが（欒星著書、p.106〜107）、これにいくつかの点をくわえて説明しておこう。

朱元璋の設置した地方軍事官庁では都指揮使司とその指揮下の衛所

三　清代中期、李公子＝李岩説の公認と反発　　　105

はほぼ行政上の区画と対応するが、一部の地域では防衛上の観点から衛所の所在地が行政区画と一致しない場合があった。河南潁川衛もそうした地域の一つであった。河南潁川衛は軍政区画であるが、南直隷潁州は地方行政区画である。潁川衛は行政区画の潁州に設置されたが、現在の豫・皖地域の沙河（旧の潁河）下流を管轄したため、中軍都督府下の河南都指揮使司に属した。この下流域の多くの県は開封府陳州に属していたので河南潁川衛と称したが、杞県はこの下流域に含まれていなかった。行政区画の潁州は明代の南直隷鳳陽府に属したので直隷潁州と称されていたが、清代に入り順治15年（1658）潁川衛は廃止され潁州に統合された（乾隆『潁州府志』巻5）。雍正年間に潁州は府に昇格し、阜陽県が附郭に改められた。なお清初、南直隷は江南と改称され、後には江蘇・安徽二省に分割された。

　このような軍制と民制の区画の異なる衛籍の子弟が科挙を受験する際には、やや複雑な状況が生じる。科挙試の場合、潁川衛属と潁州属とでは、生員の所属学籍と郷試受験先が異なった。潁川衛軍籍の生員は明初潁州の州学に属し応天郷試を受験したが、正統12年（1447）は衛所が河南に属していた理由で河南郷試を受験することになり、ついで万暦22年（1594）衛籍生員は開封府学に属することになった（乾隆『潁州府志』巻5）。そのため潁州の民籍生員は応天（南京）郷試を受験したが、衛籍の生員は河南郷試を受験した。したがって李精白は潁川衛の軍籍にあったので開封府学に所属した。これによって万暦31（1603）・41年（1613）、挙人・進士に各々合格した李精白は、科挙受験上は開封府学籍である。

　李祖旦は上記のごとく、李栩が噂の杞県の李信（李岩）とは全く別

人であることを明らかにし、杞県側の「李公子弁」(康熙『杞県志』)を読んで、杞県でも李岩なる人物はいないという結論をもとに、伝聞はいずれも真実でないと断定した。『頴州府志』より二年後に刊行された乾隆20序・刊『阜陽県志』巻13人物・李栩伝の本文と按語はほぼ『頴州府志』の内容を踏襲し、さらに新たにもう一つ按語を加え、毛奇齢『後鑑録』を批判した。

　先に述べたように長期にわたる『明史』の編纂事業は康熙38年(1699)に萬斯同『明史稿』416巻が完成し、結果として勅許は受けられなかったが王鴻緒は萬斯同本を整理して310巻の『横雲山人明史稿』としてまとめている。『明史』は乾隆4年(1739)に勅許を得て刊行された。『頴州府志』も『阜陽県志』も各々乾隆17(1752)、20年(1755)であり、現代風に考えれば両地方志の編纂者は『明史』の閲覧は可能と考えられるかもしれないが、乾隆『頴州府志』巻40学校志書籍に、「各学同じ」として当時各学校では「旧蔵の書籍、倶に残欠」しているが、本来学校に所蔵されているはずの書籍名が挙げられている。聖諭16条(康熙24年頒)以下『史記』、『前漢書』等正史18種、『明史綱目』等があげられるも、『明史』について「『明史』は府学及び阜陽(県学)倶に未だあらず」という。『明史綱目』がどのような書物かは不明で、或いは『明史』編纂の大要とも考えられるが、刊行された『明史』の現物は十数年たっても頴州府の学校(王朝の歴代書籍の地方における保管場所)には届いておらず、両地方誌の編纂者は『明史』を直接見る機会をもてなかったと思われる。

　『阜陽県志』が毛奇齢『後鑑録』をなぜ批判したのであろうか。『後鑑録』は『明史』流賊伝を執筆するために毛奇齢が調査した内容を加

三 清代中期、李公子＝李岩説の公認と反発

え出版したもので、主に『綏寇紀略』を参照して杞県李岩の故事を採用し、毛奇齢を継いだ以後の流賊伝担当者もほぼ全面的にその内容を継いだ。したがって潁州府阜陽県でも、編纂中の『明史』流賊伝の内容が『後鑑録』によっていることは、公然の秘密として伝えられていた。『阜陽県志』は『後鑑録』のいう河南挙人李岩の事跡を紹介したあと、李精白の子李栩は伝聞の賊に従った李岩とは全く正反対の郷里防衛に活躍して、流賊袁時中に殺害されたとし、李栩が伝聞の李岩とは全く異なることはすでに李祖旦が実証済みとして徹底的に批判し、さらに次のような噂を紹介している。

> 潁の人今に至るも之を言う。窃に以えらく、（李）精白は即ち別に子ありて、河南に賊を作す。（李）栩は自ら潁に挺節たり。……『後鑑録』載する所、何をもって拠とするかを識らず。

このように郷里防衛のため流賊と戦い命をおとした李栩とは別に、李精白には別子がいてその子供が河南で「賊」になったとの世間の噂が広がっていた。

李岩伝承を否定する河南府と、潁州府所属の地方誌における否定の記述方法が興味深い。李栩は李岩でないとする潁州府側では、河南『杞県志』の「附〈李公子弁〉」を引用して李岩が杞県人でないという見解を紹介し、だから伝聞は真実を伝えていないとする一方、同地方の噂という方法で李精白には李栩とは全く別の、「賊」になった隠し子がいたと推測する。他方河南府側では、李岩（信）は杞県人でなく歴史的にも存在しない烏有先生と真っ向から全面否定していることである。

四　清末・民国期の李公子像

1．乾隆禁書体制の弛緩と禁書の復刻

　在位60年目の1795年、乾隆帝はついに皇太子である15子の顒琰(ぎょうえん)に譲位し、顒琰は嘉慶帝として即位した。しかし乾隆帝終盤期の社会経済は大きく変動し、矛盾が拡大されていた。事実嘉慶帝の即位年に始まった白蓮教の乱は四川・陝西・湖北・河南等を巻き込み、嘉慶9年(1804)に至ってやっと鎮圧したものの膨大な軍費の支出は財政を疲弊させ、清朝の統治の弱体化も露呈した。こうした状況下、乾隆禁書体制で指定された淫詞小説や戯曲への取り締まりは表面的には継続するものの、さしもの禁書体制は嘉慶以降、次第に監視体制が緩みだし、道光年代のアヘン戦争の敗北以降、列強の侵入や国内の改良派・革命派の出現によりその傾向は一層進み、宣統3年(1911)の辛亥革命でついに清朝が倒され、乾隆鎖禁令が撤廃された。

　禁書体制が緩みだすと、中国国内で消滅してしまった書籍以外に、命の危険を顧みず二重壁にして禁書を隠して(「複壁深藏」)保存されていたような書籍や流伝していた鈔本が、徐々に出版されるようになった。例えば乾隆禁書より早く、康熙10年(1671)、脱稿直後に禁書とされ日の目を見ることのなかった計六奇の『明季南略』・『明季北略』は「直ちに嘉慶・道光に至り、文網稍や弛み、才かに北京瑠璃廠半松居士の木活字本刊行さる有り」(1984年中華書局刊行の点校説明)のように、北京瑠璃廠の一書肆から刊行された。辛亥革命の成功で清朝が倒

四　清末・民国期の李公子像　　　　　　　　　　109

壊すると「民国改元に迫んで、先朝の禁書一時に併出し、其の中に(李)自成の事跡に関する者、益々復た少なからず」(『永昌演義』自序)の如く、禁書とされた書籍が一斉に刊行され、禁書の中に含まれていた明末清初の野史や特定思想家の書物と共に、明末流賊の事跡に関する書物も大量に出現した。これらの書籍及び民国年代に流行した明末の流賊、特に李自成に関する小説のいくつかを紹介し、その中の李公子像について検討してみたい。

２．明末を題材にした小説の盛行
（１）『鉄冠圖』

まず松滋山人(姓名不詳)撰『鉄冠圖』をあげる。別名『忠烈奇書』ともいい、創作の時代は不明であるが恐らく清初で、やや遅れて曹寅の『表忠記』(一名、虎口余生)を出し、乾隆中期以後に遺民外史が上記二種を増刷して『虎口余生』とし、これらを基に戯曲も創られた(澤田著書、1986)。『鉄冠圖』の名のいわれは明初、朱元璋が道術に巧みな鉄冠道人を入官させた時に明がどれくらい続くかを問うた回答として、「万子万孫」まで続くとして三枚の絵を描いて進呈したことによる。小説としては光緒４年(1878)宏文堂から『繡像鉄冠圖忠烈全伝』８巻50回(別題、忠烈奇書)として再刊され、その後光緒16年(1890)に三余堂から、同20年(1894)に友徳堂から等と続き、この書は民国19年(1930)、上海広益書局から出版された際、一部修正・削除し『崇禎惨史』と改題され刊行された。筆者はこの光緒４年(1878)本、松滋山人撰『繡像鉄冠圖忠烈全伝』50回本を北京師範大学図書館で閲覧する機会を得た。この絵入り本と銘打たれているように、最初

に崇禎帝・李自成・宋献策・李岩・張献忠・呉三桂等10葉の人物画が描かれている。この小説の内容の淵源が清初にあるとすると、李公子を李岩とする点では『明史』流賊伝と同様であるが、同時期の三部小説や『綏寇紀略』等と比較すると内容がかなり異なるし、背景となっている史実も誤りが多い。以下この改題された『崇禎慘史』本に基づき検討してみたい。

冒頭に掲げられた絵入り人物の内、本著と関連する人物像に付けられたコメントが興味深い。崇禎帝は「仁を成し義を取る」も滅んだと同情し、李自成は悪辣な人間で反逆して民や兵を扇動し人々を惨殺した上王朝を滅ぼしたので、処刑されるのを免れることはできなかったという。李岩について「世に処するに義を以ってし、人心悦んで服すも、資金を出して盗を助け、賊に投ずるは堪だ憐れ」と義をもって人々を救ったにもかかわらず賊に投ぜざるをえなくなった状況に同情する。ところが術士宋献策については「賊を佐け謀を施す功、是れ首なり」として、通常いわれる謀首としての牛金星や李岩の役割は、宋献策に置かれている。

第一回に次のごとくいう。鉄冠道人の作った歌と図画三張と符合して、万暦以後明は国運衰退に傾き特に崇禎朝は滅亡の様相を強くするが、宋献策はこれを挽回すべき人物を探し、自ら開国軍師足らんとする野望を抱いて各地を遍歴していた。その過程で陝西の米脂県の李自成を見つける。李岩にも、宋献策が李自成の側近として「諸侯」になれると勧誘する設定がなされている。李岩は杞県の戸部尚書李際（？）の子で先代の残した遺産を継いだ富豪であり、各地の有力な豪族との付き合いも広い。さらに旱魃で値上がりしたキクラゲ（「木耳」）の売

買で巨額の利を得た。ただし本著では本人が挙人の資格を有したか否かを含めて科挙との関連について触れられていない。冒頭の李岩像の説明とは趣きを異にし、李自成の窮地を救うために多額の援助をするその行為が李岩の義の中心として描かれ、三部小説が伝えた飢民を救済する方法をめぐる知県や郷紳と対立する内容、及び紅娘子関連の問題は描かれていない。杞県の獄に囚われる理由も、牛金星・宋献策等と図って李自成軍の兵餉を確保するために、山東から湖広の左良玉軍に送られる軍餉を強奪するのに協力したのが発覚したためとしている。江南での伝聞や史料を基にしたとはいえ、歴史史実にもかなりの混乱がある。たとえば李自成は闖王高迎祥死後、闖王位を継承したのであるが、本書では李自成が最後まで闖将を名乗り、闖王も最後まで生存し闖将の指揮下で行動を共にしている。牛金星は清初まで生存していたのが史実であるが、呉三桂・清連合軍との戦闘中に死亡したとされている。

　これ以上の説明は、佐藤本著の主題と関係しないのでやめておくが、小説や戯曲として描かれた『鉄冠圖』の李公子＝李岩像は、杞県の郷紳の子で富豪、各地の豪族との付き合いがあり、李自成軍に参加した有力な将軍等というおおまかな共通項があるものの、三部小説・『綏寇紀略』・『明史』等の系統の内容とは大いに異なる。

（２）超紱章『明末痛史演義』

　本著（6巻、46回）は民国11年（1922）、上海交通図書館の排印本である。著者等について詳細は不明であるが、ここに描かれている李岩について巻3の16回を紹介したい。以下意訳して掲載する。まず平生

の李岩について

> 杞県にも一人の悪魔有り。尚書李精白、逆案に列し削職されて帰田す。杞県城中に住み、田園宅第を治む。もともと家は世々鉅富の上顕官であったので、非常に裕福であった。一二年もしない内に父李精白が亡くなったので、彼の公子が家督を相続した。よく読書・撃剣し挙人の資格も取得した。気前がよく門客が引っ切り無しに訪れ、客が難儀ならば千金を惜しまず融通した。連年の飢饉には蔵粟を出して難民を救済したので、民人は深く感謝し、食料がなく李公子が救ってくれて、ほんとうに有難いことだと言い合った。李公子はそういうわけで、官府には特に賄賂を送ったりとかの気を使わなかったので、官には不評であった。

とあって、李岩は奄党として削籍された李精白の息子で、挙人の資格を有し杞県に在住する資産家である。文武の道に勝れしかも気前がよく門客を大事にする豪族的な性格で、飢饉には難民を救済して評判だったが、地方官には賄賂等の気を使わず不評であった。

又紅娘子について

> 河南には著名な縄技で色っぽさも武術も最高で、好んで紅衣服を着ていたので紅娘子と綽名された女性がいた。彼女が杞県にやってきたとき、李公子は紅娘子一座を呼び、大勢の賓客を招待し、その芸を見学した。各府県を周遊し土豪や壮士と知り合い、気が合えば情人となった。知り合いの中には緑林の豪傑もおり、彼らも紅娘子と知り合いになるのを名誉と考えた。こうして金銭も蓄え、略奪も行い、部下も数千人にのぼり分散して数百里を略奪した。金粟を出して飢民を集めたのでさらに数千人が加わった。歘

四　清末・民国期の李公子像

血定盟して紅娘子を盟主として城市・邑を掠奪した。捕えた美男子は選んで身の回りにおいた。

のように、縄技に秀で部下数千人を配下におく一大寨主で緑林の仲間が多く、その上妖艶であったので男性関係も奔放な女性として描く。次に李岩との関係について

紅娘子はかねてより李公子を慕っていたので、命じてかれを拉致させた。紅娘子の所から逃げ戻った李公子は、県の探偵に察知され、派遣された数十名の軍健に逮捕された。李公子は縷々やむをえずの理由を述べたが、知県は表面的には聞く振りをしながら監獄にぶち込み、彼から金品を搾り取ろうとした。明末の官僚たちの腐敗の度合いは最高潮に達していたので、流寇の到るところ縉紳仕宦にたいしての待遇は酷毒であった。紅娘子は李岩が脱出後、官に囚われたのを知り、牢獄を打ち破り李公子を救出し、一方では県の銭糧・金賷を捜括し、公子の妻孥を賊巣に送った。李公子はこうした騒ぎを起こしてしまったので、隣邑にやってきた李自成に依るしか方法がないことを皆に説いた。丁度そこに旧友の牛金星が尋ねてきた。李公子は自分の方針を述べると、牛金星も自分の来意もそのことだといった。知り合いの宋献策が李自成軍に参加していることを知らせ、李公子が加わりたいという意向を李自成に伝えるといって辞した。牛金星と宋献策は李自成と連日酒宴を開き、李岩を得たことを喜びあった。牛金星は李自成に、あなたは天意に応じるのは本当だ。この幾年、河南一帯の児童が三々五々歌をうたっていうように、闖王を迎えれば糧を納めずという一節から見ても、天命は李自成に帰した。宋献策はうなずきなが

ら、自分も最近河洛を旅行した際、洞窟の石函中の一片の白石上の六個の篆字に、十八子神器を主すとあった。……こうして李自成・牛金星・宋献策は威儀を正して、李公子・紅娘子の一行を迎えた。

　数日後李公子は名を李岩と変えた。李自成とともに事務を籌画した。李自成が殺人を好むこと甚だしいので、機を見て大事を挙げるためには先ず人心を得ること、威令が過重だと人心を十分服させられないこと、掠奪した財粟は飢民に与えよと。ここから凶威はやや減じ、帰するものますます多くなった。

このように李岩を慕っていた紅娘子に拉致され、隙を見て逃げ帰るもこれを理由に投獄された。李岩は紅娘子による救出後、術者宋献策・挙人牛金星と一緒に李自成軍に参加し、流賊的性格を変化させていくという端緒を作り出していく筋書きは、従前から述べてきたように『綏寇紀略』・『明史』等の記述を踏襲している。但し三部小説の強調する投獄された李岩救出の主力である農民についての言及はなく、さらに注目すべきは李岩が李自成に教示し児童隊に歌わせた税金免除の歌謡が、李岩が李自成軍参加以前から河南ですでに歌われていたとする構成である。

（３）李宝忠（健侯）『永昌演義』

本著は1926年夏に初稿ができ、以後６度の修改を経て1930年に完成し1932年に自序を附したものの、その後長期にわたり出版されず、実際に日の目を見たのは1984年であった。但し中国青年出版社では同書を内部用資料として少量印刷した。1940年代前半には、その内部用の

四　清末・民国期の李公子像

刊行本が西北方面の識者の間に回覧されていた。新華社本（1984年、新華社出版）に序文を寄せた米脂県の人、到潤傅によれば、彼自身は幼時より祖母や一族の長老から人を感動させるたくさんの李闖王にまつわる話しを聞いて育った。その中で印象深く記憶している内容に第一章で紹介した「闖王を迎えれば粮を納めず」、「民の女を淫すは我が母を淫する如し」等のスローガンがあった。恐らく著者李宝忠も、同様に幼時よりこうした話しを聞かされて育ったであろうという。

李宝忠は進士出身の父、李小川の赴任先の四川に同行し、同地で18年の長期間過ごす内に李自成の乱にますます関心を持つようになり、正史を始め野史・小説・随筆・地方志、巷の父老の伝える伝聞等を幅広く収集し、史実として採用できるかを慎重に考証した上で著作したという。李宝忠の友人が李自成は流寇であるのになぜ彼を表彰しようとするのかと、李自成を主題とした著作の動機について尋ねたところ、彼は次のように答えた。第一は賊とはいえ郷里米脂県の不出世の偉人であり、其の事跡が埋没しているからこれを明らかにする必要がある。李自成は清軍が入関せず敗れなかったら、布衣から身を起こし天下を統一した漢の高祖・明の太祖に匹敵した。第二に李自成研究はなぜ漢族が長期間にわたり清朝支配下に置かれたかを研究するのに不可欠な要素であり、清軍を入関させる原因を作り出した呉三桂を「痛恨」する必要があるという。

彼は考証を重視する創作の成果として、小説の本文中で数箇所にわたる『明史』流賊伝の記述内容に対する批判を挿入している。その一つとして挙げられるのが、第14回に見られる李信批判である。小説としては妻紅娘子（『永昌演義』では紅娘子ではなく紅娘の名を使用する）と

ともに李自成軍に参加した李信が軍師として招聘され、様々な提言をする場面の物語りの途中で、突如無駄話（「閑言」）として李信の歴史を別に研究する必要を強調し、一頁にわたり『明史』李自成伝を批判する内容を挿入している。大意は次のごとくである。『明史』の記述する魏忠賢に加担した逆案李精白と流賊李自成軍に加わったその子李信は、確かに父子ともに乱臣賊子で誰の目から見ても悪党である。しかし世俗や野史の記述では、李精白の子李栩は忠臣孝子となって父の過失を補わんとし、家財を投げうって義士を集め郷里防衛に尽力し、明の総督朱大典もこの功績を認め正式に軍官の称号「都司」を与えた。李栩の最後は招撫した流賊袁時中に殺害されたのだから、勇者と評価される。しかし『明史』では李精白の子故に、賊将となった李信を潁州の勇者李栩と同一視してしまい、李栩にとっては冤罪である。つまり『明史』流賊伝に対する批判の要点は、杞県の賊将李信が潁州の勇者李栩と誤解されたまま流伝される原因を作り出したことである。

著者佐藤は先に明末清初に伝えられた三人の李公子を紹介した。李栩は郷里の防衛に尽力して流賊とたたかったが、李岩は郷里維持の方法をめぐり支配層と対立し流賊に加わり活躍したように、両者は正反対の立場に立つ。両者とも李精白の子といわれたため、伝承上で同一人としてイメージされるような混乱が生じた。『明史』流賊伝を担当した毛奇齢はこの混乱を整理して、李公子＝李栩の伝承内容を李公子＝李岩に一本化した経緯を述べた。しかし李信の曖昧さに比べ、李栩のほうが歴史的存在として確証されるため、潁州を含む江南では以後も李信と李栩が同一人物である（「信冠栩戴」）と伝承されていった。そのため後世、神降ろしで吉凶を占う際（日本でいうこっくりさん、中国

四　清末・民国期の李公子像　　　　　　　　　　117

での扶箕）しばしば降乩し、李栩が李信と同一人ではないと冤罪を訴える記述が、歴史・文学作品に散見する結果を生んでいる。例えば李宝忠『永昌演義』第14回には乾隆年間の以下のような乩詩が、李栩の無念の情として紹介されている。

　　この恨み竟に永久に　　　誰一人として話題にしてくれない
　　もとから歴史書は　　　　大半が冤罪で死んだ人々の魂で埋められている

この乾隆時期の同内容の乩詩は、道光年代にも扶箕の際、降乩した箕仙が伝えている。道光庚戌（30年、1850）の進士兪樾の編著『春在堂全集』（光緒28刊）に収められた『右台仙館筆記』によると、次のような道光年代の逸話が紹介されている。安徽省太和県知県の幕客某が夏の日長の退屈しのぎに友人と扶乩により箕仙を招き、詩歌の唱和を楽しんだ。この時李栩の魂が降ってきて、父親の贖罪と郷里の防衛に一命を賭したのに、賊将となった李信と混同された冤罪が晴らされていない恨みを述べた。そこで不思議に思った著者兪樾は李栩の事跡についての調査を開始し、見つけ出した康熙27年（1688）の進士范光陽の著『雙雪堂集』（朱蘭坡編『国朝古文彙鈔』）の李栩伝の内容が詩文と一致することをつかみ、刊行した『壺東漫録』（兪樾『春在堂全集』の59冊『兪楼襍纂』）巻40に「李栩事存疑」を挿入した。さらに李信と李栩の父と伝承される李精白が何処の戸籍かを検証するため、光緒7年（1881）、浙江省銭塘県の人、侍読の汪鳴鑾と一緒に明の進士題名碑を調査した。その結果李精白が万暦癸丑（41年、1613）の進士で河南潁川衛軍籍にあり、清代の区画でいうと南直隷潁州の人、李栩は李精白の子であり杞県の李信は彼の子ではないと確認し、したがって『明史』

編纂者はこうした事実及び李栩が李信でないことを知らないと結論付け、詩文の言うとおりで李栩の無念を晴らさねばならないとする。

　李宝忠『永昌演義』での李信（李岩）の描き方は、『明史』に挿入された三部小説及び『綏寇紀略』等の系統の筋書きによるが、それらに空白或いは不備であった内容が新たに加えられている。李岩は杞県の世族出身で幼時から兵書を読み、謀略に通じ、文武の才を有した風流の人であった。日常から公のために正義を働き、人々から李公子と尊称されていた。杞県支配層と対立し投獄されるにいたった契機は、『明史』流賊伝の系列の内容と同様、李信を慕う紅娘子の杞県攻略と彼の拉致が原因となっている。ただ杞県支配層との、飢民救済をめぐる対立の記述がほとんど見られないのは、三部小説、特に『新編勧闖小説』そのものを参照していないためであろう。同著に附せられた参照文献の項には、これらの文献が挙げられていないことからも裏付けられる。おそらく禁書のため、四川・陝西を活動基盤とした作者の目に触れる機会がなかったと思われる。なお紅娘子の姉はすでに李自成軍に加わり、紅娘子自身は父母の死後、緑林の徒と共に山寨を占領し明に反し、李信を寨主に迎えようとしたとする設定は『芝龕記』等の小説と同様である。

　同書内で描かれた、李自成の側近として謀略を担当した牛金星、李信、宋献策の三人の関係について見る。盧氏県の世族の公子牛金星は、崇禎5年（1632）後半には李自成と接触しており、ついで崇禎13年（1640）紅娘子の救いで杞県の獄を脱獄した李信は紅娘子とともに李自成軍に参加している。宋献策は原籍が河南南陽府とされ、当時は嵩山の奥深くで修業しており、そこに李自成等三人が三顧の礼を以って

四　清末・民国期の李公子像

迎えるという筋書きである。こうして崇禎13年（1640）冬、正軍師宋献策、左軍師牛金星、右軍師李岩という戦略を担当する首脳が勢ぞろいする。仁義を進め、軍律を整え、政府の倉庫や富豪の銭米を奪って貧民への分与、小農民や小商人向けのスローガン等、人々が李自成軍を益々注目するようになる施策を提出し、これらの一部が実行されたとする内容は従来の伝承や記述を引き継いでいる。なおこれと対比的に李自成集団に匹敵する張献忠集団は「殺人放火」集団とする点は、清末・民国年代の一般的張献忠評価の投影であろう。

『明史』流賊伝中、李岩に関しての記載内容で不明なのは、西安から北京に向けての移動時期と西安での大順政権樹立時期、開国功臣として待遇する武の功労者に公侯伯等の爵位が授与された際李岩へも授与されたかどうか（先に触れたように、『後鑑録』・旧北京蔵書本では岳侯に封爵されたと記すも『明史』では不明）、さらに北京大順政権内でどのような役職についていたかである。このゆえ従来の説では、政権樹立時期以降、三部小説以下最後まで原則的な主張する李岩が、李自成から疎んじられていた状況を表すとされてきた。ところがこの『永昌演義』第27回で、著者李宝忠は宋献策（誠意伯）・牛金星（録宝伯）と共に右軍師李岩も伯に封じられ、又34回では、北京大順政権内で宋献策・牛金星共々、大学士として活動している。大順元年（順治元年、1644）夏、清・呉三桂連合軍が北京を落し退却する李自成軍を追って西進しつつある時期、軍の一部を率い南明の弘光政権により奪取された河南の大順地方政権の支配を回復して軍を整頓し、開封により抵抗して清軍を関外に追放したいとの李岩の要求を認め、李自成は自ら李岩に「祥符郡王兼督河南全省兵馬大元帥」の称号と尚方剣を賜い、文武の

全権を与えた。李宝忠は李岩が大学士兼王爵としての郡王を付与され、北京時期にも李岩が重要視されていたと解釈した。最もこの後、牛金星が河南の雄李岩の本心に謀反ありとした誣告を李自成が信じ、李岩兄弟を宴席で殺害する筋書きは三部小説以降の説を踏襲している。

さらに『永昌演義』では『明史』が全く触れていない、しかし読者にとって最も関心を寄せる妻紅娘子のその後について、次のような構成を取っている。西安に撤退した李自成は李岩殺害を反省し、その誣告人牛金星の衣冠を去らしめ刑部の獄に収容した。ところが清・呉三桂連合軍により西安が落とされたため、牛金星は獄から釈放されて命を取り留め、そのまま清に投降する。夫の仇牛金星を追った紅娘子はこうした消息を探索し、僧となっていた李自成と対面し、その席で李自成が牛金星の讒言を認めたことを詫びる。牛金星は投降した清朝指揮官とも意見を異にしたため脱走し、出身地の河南南陽府にやってきて名を賈郎斎と改め、この地の緑林・土寇や富豪と付き合い不正を働いている情報をつかんだ紅娘子は、ついに牛金星を探し出して彼を殺害し、夫李岩のあだ討ちに成功する。以上のように、流布していた李岩の行動の不明な点及び妻紅娘子の夫の仇討ち等、読者を納得させる筋書きが展開される。

「僧となっていた李自成」という表現を紹介したが、ここで李自成の最後について二通りの説があることを付言しておきたい。一説は順治2年（1645）多爾袞・呉三桂連合軍に敗れた李自成は湖北の武昌方面での抵抗を目指して移動し、武昌府通城県（『明史』流賊伝等の説。『列皇小識』等は通山県とし、これを支持する研究者が多い）の九宮山山中で郷民に殺害されたとする現在の中国での主流の説である。他方で清

四　清末・民国期の李公子像

代から根強いもう一つの説によると、九宮山での敗戦後李自成等は剃髪して僧侶となり、法号を奉天玉和尚と名乗り、湖南省澧州石門県の夾山寺で康熙20年（1681）前後まで生きながらい得たという。本書は後者の李自成僧説に立っている。

　最後に『永昌演義』と中国共産党主席毛沢東の関係について触れておこう。この本が正式に刊行されたのは1984年であるが、すでに1940年代前半にはその写本が識者の間に回覧されていたことはすでに述べた。李宝忠のこの草稿を、彼の友人、李鼎銘が毛沢東に贈り毛沢東は一読し返書をしたため。新華社版本に「代前言」として手紙を寄せた米脂県の人到潤傅は、この時期を1944年前後と推定している。第二次世界大戦末期の、日本軍が華北各地の戦線で敗退する時期にあたり、延安の抗日根拠地でその指揮にあたっている毛沢東が、すぐに簡単な書評と一緒に紙幣（「辺幣」）を同封し、これらを李鼎銘から作者に送るように依頼している。毛沢東は作者の労をねぎらい自分も将来の著作でこの著書を役立てたいといい、その手短な書評の中で李自成の農民戦争の指導者としての「品徳」が良く描かれているが、運動全体が低く評価されている。この書を新しい視点、つまり秦以来二千年余の歴史で、社会を前進させた主要な要因は何十回となく起こされた農民戦争であり、それらの中でも李自成の農民戦争は最も著名な一つである。この運動は作者やこの本の寄贈者をはじめ陝西省の人々全体の名誉であるのは当然だが、もっと広く新しい歴史観点で現代の人民を教育する書に改定できないか、著者の意向を聞いて欲しいと要請している。毛沢東の書信と紙幣は李鼎銘から依頼された到潤傅を通して作者に手渡されたが、毛沢東の要請に基づく著書の改定は、理由が不明で

あるものの、老齢の著者にとって無理だったようで実現しなかった。1951年延安でその『永昌演義』の稿本が発見され、60年代の初め、著者の老友常黎夫（米脂県人）が老劇作家鄭伯奇に、毛沢東の要請に基づく内容の改修という"政治任務"を依頼したため、彼も準備にとりかかったが結局実現しなかった。

3．郭沫若『甲申三百年祭』(1944) とその波紋

1944年３月、著書というよりその分量からいえばむしろパンフレットに近いといった方が適当である郭沫若『甲申三百年祭』の出版は、その文学的・歴史的興味とともに対立する政治勢力を巻き込んで大変な反響をよんだ。中国革命勝利の経過とともに、李公子＝李岩説は確固たる地位を確立した。李公子＝李岩問題に入る前に、同書の波紋としての中国現代史について言及してみよう。なお以下の論争の概要は王守稼・繆振鵬論文（1985）、卜慶華（1995）等に詳しい。

（１）晩明熱

第三節で清末から民国期にかけて、明末の特に流賊を題材とした小説が書かれ、好んで読まれたことを述べた。そこで紹介した清初以来の『鉄冠圖』は、民国19年（1930）には上海広益書局から『崇禎惨史』と改題されて刊行されたことに言及したが、同局は同年に従来刊行してきた歴史小説を、一切の修正・削除せずそのままの内容で、「大字足本歴古小説」シリーズを刊行した。この企画の目的は人々の憂さ晴らしに役立つ歴代の小説、例えば『三国志演義』、『封神演義』、『西遊記』、『聊斎志異』、『西廂記』、『隋唐演義』、『蕩寇志演義』等とともに、

四　清末・民国期の李公子像　　123

従来の刊行本『鉄冠図』もその目的の一篇『足本全図　鉄冠図全伝』絵入り4冊本として加えている。明末の政治社会状況やその当時の人々の行動に関心が集まるのは、話の筋書きの面白さもさることながら、中国の置かれた1930年ごろの政治社会状況の悪化が背景にある。

　辛亥革命以後、主に漢民族の立場から、中国がなぜ260年以上にわたる長期間、満洲族の支配を受けたかの関心から1644年、明の滅亡の歴史が注目されてきたことはすでに述べた。日中戦争で亡国の危機感が強まりこれに対処すべく歴史の教訓として、明朝の滅亡の問題に強い関心がよせられた。明末の清（満洲賊）の侵攻と流賊と明の関係、1940年代の日本の侵略と共産党及び中華民国という勢力の三角関係の比較史的とらえ方である。明末に関して、例えば当時の国民党支配地区教育部が配布した教材銭穆著『国史大綱』には「もし先に満と和し、一意賊を勦すれば尚お救うべし」のごとくあるように（譚洛非、1985）、明朝が満洲と和して流賊を勦討すれば、明を救うことができたという認識が根強くあった。国民党側のこの問題に関する代表的理論は李光濤『明季流寇始末』である。1948年、アメリカから南京に帰った国立中央院歴史語言研究所所長の傅斯年に、蒋介石が共匪（中国共産党）が中華民国に危害を加えているが、漢以後歴代の流賊の史実はどうなっているのか問われたことをきっかけに、彼は李光濤にこの著を書くよう委嘱した。李自身の序文によると1948年にはすでにこの著を完成していたが、上海陥落で原稿は商務印書館に残したまま台湾に渡ったという。委嘱した傅斯年自身も論文で、満洲が原因で起こった流賊によっては漢民族の危機は解決されなかった。現在「日寇」（日本帝国主義）の侵略で民族の危機が加速しているのは、共産党の責任であると述べ

た（王守稼・繆振鵬、1985）。共産党側が李自成・張献忠等を農民革命家と評価するが、彼らは国を乱す無知の徒と考える李光濤は、この著作の構成と執筆の立場を、外賊（清）の煽乱で内賊（流賊）が勃興し、その結果明を滅ぼし異族の清人に利用され、結局流賊は清人のための先駆をなしたにすぎないとする趣旨で叙述すると明言する。中国共産党の見解は以下で述べる。

（2）『甲申三百年祭』の執筆

執筆者郭沫若（1892～1978）は、1914年日本に官費留学（六高・福岡医科大学〈九大医学部の前身〉）し、1923年卒業した。21年郁達夫等日本留学生と共に文学団体創造社を結成し、1924頃からプロレタリア文学の影響を受けた。1926年国民革命軍に従軍（政治部主任鄧演達の下、副主任）するものの、1927年蒋介石の反共クーデターで容共左派に属した彼は翌年日本に亡命し、以後9年にわたり中国古代史研究等の文筆活動を行う。1937年末、盧溝橋事件直後に帰国し、38年国民政府軍事委員会政治部第三庁長に就任し抗日救国の宣伝活動に従事する。38年10月武漢陥落後重慶へ移動し、45年までその地で活動した。

臨時首都の重慶に移転した時期は抗日のための第二次国共合作期間中であったが、国民党と共産党の間には修復しがたい亀裂が生じていた。それにもかかわらず抗日の統一戦線に立つ国民党側の一部知識人、柳亜子・郭沫若等と共産党の連絡は継続されていた。1944年1月15日、延安からやってきた共産党の指導者も参加して、重慶の郭沫若邸で国民党側民主党派の作家・知識人との会議が開かれた。1944年が明の滅亡（1644、甲申）から300年経過した甲申の年でもあるので、これを記

念した論文を書くことを決定した。そのトップバッターとして、南明史に詳しい詩人で作家の柳亜子に最初の論文を書くよう要請したが彼は病気を理由に辞退しため、その任を郭沫若が引き受けることになった。すでに古代史の論文を執筆するかたわら、明末の歴史に関心を持ち近いうちに劇本を書くつもりであったという。2月20日頃から執筆を開始し3月10日に脱稿し、数日の修改後、16日に重慶にいた共産党の政治家、董必武に閲読・審査を要請した。なんとその3日後の19日から22日にかけて、この論文が『新華日報』副刊に連載された。『新華日報』では当然審査をおこなったが、その掲載の速さについて郭沫若も全く予期していなかった。

　この新聞『新華日報』の性格は、1937年7月、盧溝橋事件以降の日中戦争に対し抗日・団結を国民党地区で合法的に広く宣伝教育することを目的とした、中共長江局指導下の党機関紙であった。そのためすぐには国民党から許可がおりず、国共合作の成立後の38年1月に創刊するものの、国民党の重慶撤退で行動を共にした期間は停刊し、40年8月に復刊した。同紙は「抗戦・団結を宣伝するいっぽう、国民党の行動を監視し、抗戦に不利な行動があれば、これを暴露・批判」した（『アジア歴史辞典』7〈新華日報〉、平凡社、1960）。したがって国民党側は同紙に対し批判・警戒を強め、暴徒に襲撃させることもあった。トロッキー派で反中共の論客であった葉青は、この『新華日報』が共産党の政策宣伝をする中国共産党の機関報であると強く非難している。

（3）『甲申三百年祭』の内容
　結論的にいうと、郭沫若は李自成の乱が最終的には伝統的流寇・流

賊ではなく、農民起義であったとする全く新しい評価を下した。長期の戦闘の末、貧苦の出身で常に部下と困苦を共にし、人の善言を取り入れる傑出した性格の革命指導者李自成は、農民の支持を得て新しい段階としての農民政権樹立に成功した。彼を支えた指導部、特に杞県出身の挙人李岩等の知識人の参加と彼らの提言の実施が、その成功のための重要な役割を果した。それがなぜ北京占領後、早急に敗れたのか。その原因は北京占領後、武の最高位の将軍劉宗敏を始めとした将軍から兵士にいたるまで、食料・衣料或いは美女を得るための略奪や官僚への拷問に流れたため軍規が弛緩し、市民層が離反した。一方文官の最高位内閣大学士の牛金星は、李自成の登極の準備に忙殺され呉三桂への対応が遅れた。但し、劉宗敏等より下位にある制将軍の李岩だけは略奪や恣意的拷問に反対し、軍の規律の建て直しと市民の支持を得るため、家屋の強制接収等により迷惑をかけることを避け北京市内に軍を駐屯させないこと、呉三桂への懐柔を素早く実施することを訴えたが、李自成首脳部はこれらの提言をほとんど問題としなかった。李岩と弟の李牟は彼らの軍を郊外に駐屯させ、日々市内を巡視して市民の意見に耳を傾けたため、彼等の人気は絶大であった。呉三桂・清連合軍に敗れ延安への撤退中、李岩の出身地河南に設置していた大順政権地方官が南明の弘光政権により次々に破られたため、李岩は二万の兵を借りて弟の李牟と共に失地を奪還したいと申し出た。もともと同じ挙人出身の牛金星は李岩の能力に警戒感を抱いていたので、李自成に軍を得て自立しようとする野望ありと誣告し、遂に李岩兄弟を殺害してしまう。

　郭沫若は歴史上新しい農民起義が早期に破れ、階級問題を民族問題

に転化できなかった責任を問う。民族の立場からの過失の最大責任は崇禎帝と李岩殺害を導いた牛金星で、起義の立場からの最大の責任は文官の牛金星と武官の劉宗敏にあり、李自成にはいずれの面からも責任はないとする。そして最も的確な方向を提起していた李岩の死は、個人としての悲劇が「種族」（民族）としての悲劇であったことを忘れてはならない教訓とまで述べる。

　郭沫若は1644年の甲申の歳に李自成政権が短期に消滅した史実を通して、1944年の甲申の歳をあてこすり（「影射」）、日本の侵略を招いた蔣介石の政治責任を問い、毛沢東には内部闘争で自滅した李自成の轍を踏まないこと、及び都市の占領にあたり兵士の秩序の維持と指導者の傲慢を戒め内部団結を訴えた。1966年再版『甲申三百年祭』は副題に「李自成・蔣介石・毛沢東」とあるように崇禎帝を蔣介石に、李自成を毛沢東に擬している（石井　明、1972）。

（4）『甲申三百年祭』をめぐる国共の論争
　発表と同時に、この小著をめぐる学術論争としてではなく、国民党と共産党の間で激しい政治論争が展開された。明末の流賊とその指導者を新たな農民革命とその指導者として評価し、当時の政治状況に影射させ、亡国の崇禎帝に蔣介石を比定する方法にいち早く危険を察知し反応したのが、著名な社会経済史家で評論家の陶希聖（1893～1988）であった。彼は国民党左派として汪兆銘と活動してきたが、1940年、日本の承認のもとに南京に新国民政府を樹立しようとする汪兆銘と袂を別った後、1943年当時は重慶で蔣介石の側近として、国民党機関紙『中央日報』の主筆をつとめていた。『新華日報』に郭沫若論文が掲載

された2日後の24日、社説「一種の思想を糾正す」を書き、明末の亡国の歴史を当時の政局にあてこすり、敗戦主義と亡国思想を鼓吹していると、反撃の烽火をあげた。その後も数本の社説を又自らも明末の史料により短文を書き、明の滅びたのは清軍と流寇の挟撃のためであったとし、明末の事件をあてこすり日本軍の全面的侵略下にある国民党を攻撃しようとする中国共産党(「共匪」)の政治的陰謀に警鐘を鳴らした。当時の陶希聖等国民党の論客は郭沫若を憎悪し、外形は中国人であるが心はソビエト・ロシアを意味する「郭沫洛夫」と揶揄していた(陶希聖、1969再版)。

トロッキー派に属し学術・時論の主張で中国共産党と鋭く対立した葉青も、4月20日「郭沫若『甲申三百年祭』を評す」(『中央日報』)を執筆し、『甲申三百年祭』に即して最も詳細な批判を展開した。同年8月には自身のこの論文を含めて、『甲申三百年祭』批判論文や甲申の史実、陶希聖等の社説を一書に編んで出版した(葉青、1944)。葉青の郭沫若論文批判の要点は次の様であった。第一は李自成の乱の評価(新しい農民運動が専制王朝を滅ぼす)の仕方を批判し、この農民運動が明を滅ぼし、しかも満清に抵抗できずすぐ西に逃げたため、清の中国侵入に道を開いた。結局、この農民運動は騒乱主義の流寇にすぎず、李自成はもう一人の呉三桂の役割をはたした民族の罪人である。

第二は各種の責任問題である。郭沫若は民族的最大の責任が崇禎帝と牛金星、起義失敗の責任が牛金星と劉宗敏とし、李自成は民族的・起義両面において責任無しとした。これに対し葉青は中国(明)が満清に滅びたのは、陝北の農民運動である。咎は崇禎帝でなく李自成を始めとした牛金星・李岩・宋献策等である。崇禎帝にすべて明滅亡の

責任を負わせようとしているが、外患としての清の入寇問題も、内憂としての国内問題も崇禎帝から始まったものではなく、遠因は彼とは関係ない。悪く言えばせいぜい朱氏一族の不肖の子孫というに過ぎない。それよりも崇禎帝の勤勉さと紫禁城陥落の際、死期に臨んで書いた百姓を一人も傷つけるなかれの遺詔等を称え、後世の「毅」「壮烈」等の呼称からわかる様に歴史的には同情を受けている。外患が厳しい時期の農民運動は内乱を惹起し、国家の力量を消耗し、民族を危機に陥れる漢奸の役割を果した。現在は大義として、階級利益より民族の利益を優先し、国民政府に力量を集中して対外一致すべき時である。それなのに郭沫若は、階級利益活動を優先し内戦を行うとする「現代の（延安府の）李自成の大計」（毛沢東を指す）を代弁し、明末の陝北農民運動領袖（昔の延安府の李自成）の二の舞である、民族の罪人に陥し入れようとしている。つまり明朝を国民政府と暗に指し、三百年前の甲申を今日に再現しようとしている。

　国民党主流派の論客による郭沫若に対する囲勦状況に対し、共産党と国民党民主派の論客も郭沫若に続き次々に甲申三百年を記念しようとする論文を発表した。例えば民主派の柳亜子は明が滅亡して三百年というが、それはあくまで北都の滅亡のことで、明は南で継続しており真の明の滅亡は1662年の永暦帝の死をもってする。満洲は外民族だから中国人（漢民族）は合作してはならないが、中国人にとって明に仕えるも大順に仕えるもたいした差はないのに、愛国者で後、順治4年（1647）の死まで南明に属して活躍した張家玉（広東東莞県の人、崇禎16年進士）が、一時李自成の捕虜となった際、李自成は彼の提言を入れ政治を改良し北都により満洲に対抗すべきであるのに、臣下の礼

をとらないとの理由で拷問したのは失敗であったと、李自成の責任も問題にしている（柳亜子選集、1989）。

呉晗は「国君は国に殉じ、国土の一部分は流寇に淪み、一部分は異族の兵に蹂躙さる」の認識のごとく、崇禎帝に同情するとともに流寇、異族などの語を使用する。李自成・張献忠は「一斑の暴民の領袖」であるが社会組織崩壊時に現れる必然的現象であるとして、その原因と展開を客観的に叙述する。三百年前は政府も人民も将軍も知識人も、利己主義であり社会が堕落しているのに国家・民族の将来を見ようとしなかったために、国家は滅亡し民族が奴隷化されたという（呉晗選集、1986）。葉青が批判するように、南明史の大家柳亜子の論文は1644年の明滅亡を紀念しておらず、また呉晗の論文も当時の中華民国の一般的知識人の見解であった。このように共産党・民主陣営の論文も多種多様であったが、その中で『甲申三百年祭』が共産党からする時局の要請に最も的確に答えていたので、国民党側の反論も集中した。

中国共産党側では1943年から44年にかけて第二次世界大戦の連合軍の優勢な状況下、太平洋戦線でも日本軍が次第に敗退する状況を背景に、中国戦線でもさらに抗日の戦いを強化した。日本軍は重慶の国民党に対する投降勧誘政策の不調で、抗日に消極的な国民党戦線に大挙侵攻する計画を実施した。1944年5月20日、毛沢東は「学習と時局」の講演内で、この時期の新たな重要な任務として「大都市と主要交通線の活動」を提起した。その際過去の数次にわたる共産党指導者の路線の誤りはその傲慢さからきており、「勝利したさい二度と傲慢の誤りを犯さない」戒めとするため、李自成についての郭沫若の論文を高く評価し刊行したことを述べた（『毛沢東選集』第三巻下、1965）。李宝

四　清末・民国期の李公子像

忠『永昌演義』に期待し果せなかった、李自成の乱からの教訓を時局に生かすという期待は、こうして郭沫若により実現した。毛沢東はかねてより郭沫若の歴史劇や詩作に注目しており、国民党に所属しながら蔣介石等の国民党主流の消極抗日・積極反共を基本とした時局にたいする方針に対し、過去の史実に借りて展開する鋭い批判方法を高く評価した。郭沫若論文発表の一ヵ月後、当時解放区における中国共産党中央機関紙であった『解放日報』（延安）はその全文を掲載し、6月には中共中央宣伝部軍事委員会総政治部はこれを印刷し、全党・全軍の学習材料とした。さらに同書を党の整風文献に指定した後、毛沢東は11月21日付けの書信を郭沫若に送りその旨を伝えると共に、同書を高く評価し今後の活動を激励した（『毛沢東書信集』1983、『人民日報』1979.1.1）。こうして同書は文学作品以上に政治的教材文献としての権威を有することになった。

　以下で『甲申三百年祭』をめぐる、1944年の論戦状況に関する簡単な表を掲げる。

　　1944.3.19～22　郭沫若「甲申三百年祭」（『新華日報』）

　　1944.3.20　「甲申事変―明末亡国的歴史」（『新華日報』副刊）

　　1944.3.22　柳亜子「紀念三百年前的甲申」（『群衆』週刊第9期7巻）

▲1944.3.24　陶希聖「糾正一種思想」（国民党『中央日報』社説）

　　1944.3　　呉晗「論晩明"流寇"」（『新華日報』）

▲1944.4. 1　「重弾『甲申三百年祭』」（重慶『商務日報』社論）

　　1944.4.12　毛沢東高級幹部会議で演説〈学習与時局〉

▲1944.4.13　「論責任心」（『中央日報』）

　　1944.4.14　翦伯賛「明末政治風気」、「明末清初史学的時代意義」

(『群衆』)

1944.4.18 『解放日報』(延安)に全文掲載、のち延安および各解放区で単行本として刊行。

▲1944.4.20 葉青「郭沫若『甲申三百年祭』評議」(『中央日報』)

1944.6.7 中共中央宣伝部軍事委員会総政治部印刷→全党・全軍の学習

▲1944.6.7 陶希聖「糾正一種偏向」(重慶、『中央日報』)

1944.11.21 整風文献に指定。毛沢東、郭沫若に信書を送り再度高く評価

　　注、▲印は国民党主流による『甲申三百年祭』批判論文・著書

なお先に〈晩明熱〉の項で国民党の意向に沿う明末の流寇に関する歴史書、李光濤『明季流寇始末』を紹介したが、他方でほぼ同時期郭沫若に呼応するかの如く歴史書『晩明民変』が李文治により上梓された。同書は1944年に完成し、45年に正式に脱稿後1948年に中華書局より出版された。伝統的な流賊・流寇史観でなく明末の乱全体を民変ととらえ、その盛衰・変遷を通して歴史上に与えた作用と影響という見方で、史実に即して述べる。この民変が歴代の民変と異なり宗教性質を帯びず、特に李自成集団は「政治社会問題」の課題をもって民衆に呼びかけたおり、こうした内容は歴代反乱と異なった重要性と特殊性を有していると指摘した。

(5)『甲申三百年祭』中の李岩と紅娘子

さて主題の李公子に戻ろう。郭沫若は1944年1月、友人の家で偶然

四　清末・民国期の李公子像

乾隆禁書に挿入された『新編勦闖通俗小説』古抄本を見つけ読む機会を得た。この書は第二章Aで紹介したように、李公子＝李岩説の基本となった書である。郭沫若はこの古抄本に大変興味をそそられた。特に河南の挙人身分で李自成軍に参加した李信（後の李岩）に関心をもった（『郭沫若書信集』、1992）。この書は同年3月、郭沫若の跋文入りで彼の友人が重慶で経営する説文社から出版され、又偶然にも郭沫若の親友、鄭振鐸もこの書を1940年『晩明史料叢書』第一集に収録し、翌年上海商務印書館より玄覧堂叢書の一書として出版したため、世に広く知られるようになった。李公子＝李岩についての記述の概要は『甲申三百年祭』で既に述べた。郭沫若はこの論文を書くにあたって資料を博捜しようにもその条件がなく、国民党側からの妨害もあったという。1944年2月8日の日付で、『新編勦闖通俗小説』を補強するための関連史料、特に李信について記述している史料の所在を歴史家の翦伯賛に尋ねている（『郭沫若書信集』、1983）。

　李信（李岩）と共に郭沫若の強い関心を引いたのは紅娘子であった。この論文を書くのに郭沫若が当時の限定された環境の中で使用できた史料は、『新編勦闖通俗小説』以外に『明史』李自成伝・計六奇『明季北略』・鎖緑山人撰『明亡述略』・文秉『烈皇小識』・董榕『芝龕記』・銭䒵『甲申伝信録』等である。第二章で述べたように、三部小説系統には紅娘子について一切触れていない。郭沫若は『新編勦闖通俗小説』が紅娘子についてなにも語っていないのに『明史』が言及しているのはなにか根拠があるはずだが、この理由について調査の方法がないと述べている。この問題は『綏寇紀略』がこの噂を初めて紹介し、毛奇齢が『明史』に採用し、これに基づいて記された『芝龕記』等を通し

て世に広まったことはすでに第三章で述べた。

　なお余談であるが、『新編勦闖通俗小説』を読んだ直後、郭沫若は明朝滅亡三百周年紀念にあたり「私の歴史創作欲が、またむらむらと動いた。私は李岩と紅娘子を舞台にのぼせようと思った。そこで古代史研究にたいし、ここで別れをつげようとする考えをおこした」(『中国古代の思想家たち』上、1953) とあるように、古代史研究をやめてまでも、李岩と紅娘子の歴史劇を創作したいとの衝動に駆り立てられた。再版された『甲申三百年祭』巻末の、1946年2月12日付けの附録「関于李岩」によると、前年李岩と紅娘子に関する逸話を述べ読者の関心を引いたが、参考史料が不足していたので詳細な叙述ができなかった。その後、査継佐『罪惟録』・無名氏『檮杌近志』・呉偉業『鹿樵紀聞』等の史料を探し出し李岩と紅娘子に関するイメージを膨らませました。特に『檮杌近志』では、李自成軍に加盟しようとする李岩に反対し聞き入れられず自殺した正室の湯氏の話は郭沫若に劇作ないしは小説の題材としての刺激を与え、又正室の湯氏死亡後、李自成軍に加わった李岩と紅娘子は夫婦になったであろうと推測しているが、紅娘子のその後についての消息を残念ながらこの段階では調査する方法がないと述べた。郭沫若は李岩と紅娘子の話は根拠があって虚構ではないと信じていたが、例え虚構であっても興味ある材料であるから所期の目的を作品に結実させようと考えていた。しかしながら二年を経過したものの二人に関する作品の処理上の困難さと、また劇本にするなら李岩と紅娘子のこと、牛金星との対立から殺害された李岩を主題とする上下二部建てにする構想を考えていたものの、実現できずに終わった。結局、歴史的な問題の書『甲申三百年祭』のみが世に問われた。

1944年段階の対立する国民党、共産党両党のこの書に対する両極端の反応については前述した。郭沫若が感性を揺さぶられ、非常に同情して記述した知識人李岩に対する反応はいかがであろうか。中国共産党要人から特に反応はなく、一知識人の言動で政策が左右される問題には関心がなかったと思われる。詩人・歴史家の柳亜子は感動し「郭沫若『甲申三百年祭』一文を読んで、即ちに其の後に題す」として、七言律詩を寄せている。「昌言せる張（家玉）・李（岩）もて、如し拝せば、虜を破り遼を恢するは指顧の間にあらん」、「李自成麾下人材は制将軍李岩もて第一となす」（『柳亜子選集』、1989）と李岩に感動し、持論の李自成が処遇を誤ったとする張家玉も一緒に掲げる。反対陣営から、例えば葉青は次のごとく酷評する。郭沫若が「一位の異様な人物」李岩を絶対化しているが、せいぜい彼は他の指導者と作風の違いがあっても、所詮李自成に替わって単なる宣伝の役割を担当するだけで、いかなる軍政の体系も有していないと（葉青、1944前言）。陶希聖は後に、1943年夏から45年秋の『中央日報』の主筆時代を振り返った「文章の甘苦と得失」なる章を設け、その一項目〈郭沫若事件〉内で『甲申三百年祭』に触れた短文を書いている。そこでは最も恥ずべきこととして、郭沫若が自らを李公子と自任し、李自成が李公子の提言を入れれば国家は守れたし敗北することはなかったなどと、現在にあてこすっていると最大級の嫌悪をしめしている（陶希聖、1969）。

（6）中華人民共和国成立前後、中国共産党と『甲申三百年祭』
　抗日戦とそれに続く第二次国共内戦中、『甲申三百年祭』は劇作化され中国共産党支配区で、幹部を筆頭に全党・全軍の整風・教育運動

で積極的に活用された。1945年華東の解放区徐州を中心にした淮河以北と海州地域の淮海では撃楫詞人（李一氓）が平劇『九宮山』を、蘇州中部では夏征農等の五幕話劇『甲申記』、そして阿英（銭杏邨）は五幕話劇『李闖王』を書き、これら三本の脚本をもとに演出された劇の競演状況が出現した。その他馬少波の京劇『闖王進京』も上演された。以下著名な文芸評論家・文学史家でこの日中戦争の時期ソビエト区で活躍していた阿英が、1962年版『李闖王』の附録「『李闖王』編演紀事」でこうした状況を述べているので、これに基づき紹介してみよう。

1944年11月、阿英は新四軍三師副師長兼八旅旅長の張愛萍からの伝言として、部隊が都市進駐するにあたっての思想的な準備をしたいので、（李自成の失敗を繰り返さないためにも）ぜひ李自成を題材とする脚本を書いて欲しいとの要請を受け、喜んで承諾した。翌45年1月に執筆を開始し3月初めには初稿を完成させ、5月には初演された。1946年から47年にかけて新四軍の東北進駐にともない『李闖王』も繰り返し上演され、党・軍及び進駐都市・農村での整風・教育運動に大きな成果をあげたという。阿英によると1955年、東北軍区は再度の整風運動の一環としてこの『李闖王』を教材として活用するため新たに40万冊を増刷し、この脚本をもとに東北軍区政治部文芸工作団話劇隊は、東北を始め華東・華北から上海・南京・北京等を巡回講演した。

文学・歴史作品の視点から、これらの話劇・平劇の李公子＝李岩像を検討してみよう。阿英『李闖王』は五幕から構成され、第一幕は山西の主要都市を落とし北京も指呼の間にある崇禎17年（1644）2月、二幕は紫禁城陥落と崇禎帝の煤山で自殺する3月19日、三幕は李自成即位11日前、15日多爾袞に「乞師」した呉三桂への対応問題に直面し

四　清末・民国期の李公子像　　137

た4月18日、四幕は西安に向けて北京撤退と李岩・李牟兄弟の謀殺にいたる同年4月から7月の状況、五幕は奉天玉和尚となった李自成の、湖南石門県夾山普慈寺での康熙3年（1664）2月の某日を各々扱う。阿英は郭沫若『甲申三百年祭』を劇本化するにあたり、郭沫若が参照できなかった史料、例えば『古今図書集成』・『歴代通鑑輯覧』・『明紀』・『諛聞随筆』等を参照した。阿英は1949年再版の附録「写劇雑記」に、脚本を書くにあたっての人物像及び人物間の関係留意点と、彼自身による調査の成果を記している。その中には、郭沫若の考えと異なる内容が見られる。まず李自成が李闖王を名乗って以後、長い闘争経験と李岩・牛金星の影響下で軍事・政治才能を鍛え、文化上でも小知識分子となった側面をもったものの、依然として彼は農民思想、流寇思想と帝王思想の混合した思想の持ち主であり、李自成に影響を与えたかの李岩も依然として封建士大夫階級であったと描く。

　李自成・牛金星による李岩殺害の決断について、李自成と李岩の関係の変化を次の如く解釈する。第一は北京政権時期に至るまで、李自成が李岩の影響を受けて過去のやり方・態度を改め、帝王思想を全面的に持つに至った時期。第二に北京に進入する前期まで牛金星と李岩が併用されるが、次第に李岩は冷遇されるようになり、官職も牛金星・劉宗敏は彼の上位に置かれる。こうして北京から退却中の山西平陽において、李岩の殺害が実行される。李岩は老百姓の間で「威望重大」、「二李並称」される状況下、李闖王も従前から彼に対する警戒感を持っていたが、北京占領期も一貫して老百姓に迷惑をかけない実践、政策の直言からその感を一層強くしていった。山海関以来の敗戦と退却事態の中で李岩と李自成の性格の矛盾が顕在化し、また牛金星と李岩の

関係悪化を背景として、牛による李岩が自立しようとしているとの李自成への讒言が李岩殺害の決定的動機でなく、あくまで李自成が潜在的に持っていた意識が実行の引き金になったに過ぎないとする。郭沫若は李岩殺害について李自成に責任なく牛金星の責任としたが、阿英は李自成の責任と考えている。

阿英と郭沫若との解釈の違いは李自成が帝王思想を持ち、李岩に対して従来から警戒感を持つとする以外に、李自成の最後は湖北で郷民に殺害されたのではなく、湖南に逃れて僧侶として生きながらえたとする「逃禅」説を採る。李岩と紅娘子の問題の扱い方はいかがであろうか。郭沫若1946年再版の附録で言及しているが、紅娘子が獄中から李岩を救出後の二人の状況について『甲申三百年祭』では明確な記述ができなかったが、平劇『九宮山』の作者は紅娘子が求婚するも断られたため、彼女は剣を抜き自刃して果てたと処理しているという。阿英の処理方法は、郭沫若が『甲申三百年祭』を描く中で強い関心をもった李岩と紅娘子については、第一幕で全身真っ赤な服を身にまとい花鼓を操る16、17歳の少女芸人を登場させた際、彼女を引き合いに宋献策が仲の良い李岩・紅娘子夫妻をからかう場面で紅娘子に触れた以外、公私の場に紅娘子は一切登場させない。整風文献の性格上、それ以上の場面は必要なかったのかもしれない。

このようにして郭沫若『甲申三百年祭』は、李自成の乱の失敗の教訓を学ぶ整風文献として共産党によるあらゆる場面での格好の教育材料として使用された。抗日戦争・解放戦争時期、都市の占拠にあたり人民的視点の維持と警戒心の持続、物質的欲望・奢侈の否定、勝利者として驕らない等の教訓に使用されていく中で、李岩は歴史的実在の

人物として定着した。但し共産党指導部は、李自成指導部の個々の人物評価にはあまり関心なかったといえる。

五　中華人民共和国における李岩論争

A　1978年までの李岩論争
―実在の人、李岩をどのように評価するか

　中華人民共和国成立以降、従来のブルジョア史学や封建史学を否定し唯物史観に基づく科学的史学を樹立するとして、研究者が一つのテーマに集中的な研究と議論を行う論争状況が史学各分野に出現した。前近代史の分野でも資本主義萌芽論争、封建的土地所有制形式問題等の諸問題と並び、前近代の農民起義（革命）研究が隆盛を極めた。なお後者のテーマについて筆者は一貫して反乱の呼称を使用してきたが、中国では地主・ブルジョア階級による農民暴動・匪賊的観点から区別して、起義・革命の呼称が一般化した。このテーマは中国革命史の課題であった「反封建・反帝国主義」の「反封建」に直結するため、多くの研究者が論争に参加し、明末の流賊、特に李自成の乱も論争の代表的素材例として、様々な角度から取り上げられた。

　ところで膨大な事例のある中国でいう前近代農民戦争論議に関して、絶対的権威を持つ毛沢東の言及が存在した。一つは前近代において地主階級支配に対するこの闘争だけが、真の歴史発展の原動力（封建支配に打撃を与え、社会の生産力の発展を動かす）であり、もう一つは新しい生産力・生産関係、新しい階級勢力と先進政党の指導がないから、この農民革命は革命中か革命後に、地主・貴族による王朝交代の道具

五　中華人民共和国における李岩論争

として利用され、結局封建的経済関係と政治制度が継続するとする内容であった（『毛沢東選集』、1939）。さらに李自成の乱は、中国革命中克服すべき紅軍内の思想傾向の一つ〈流寇主義思想〉、李闖方式＝流寇主義として、大都市で飲み食いし根拠地建設を軽視し流動性を重視する代表例であると指摘した（『毛沢東選集』1929、1938）。こうした毛沢東の言及がほとんどの論者に影響を与えた状況については、かつて旧著『明末農民反乱の研究』付篇・第二節で紹介したので、詳細はそちらを参照して欲しい。

　中国前近代の流賊或いは農民反乱で独自の政権を樹立した著名な例として、黄巣の大斉政権とともに李自成の大順政権が挙げられた。この短期政権が封建政権か農民政権か、その性格論争をめぐり激しく議論がなされた。この政権樹立前後に一定の役割をはたす地主知識人・紳士階層をいかに評価するかも、中国における前近代農民戦争論議の一翼を構成した。その顕著な事例はかの李岩であった。郭沫若が『甲申三百年祭』で絶対的評価を与え、中華人民共和国成立前後の整風運動の中で、李岩は権威ある人物として定着したかに見えた。だが1960年前後は大躍進運動の失敗から調整政策期にいたる激動期で、社会主義建設をめぐる党内の路線対立が発生し、こうした情況は地主・知識人の役割評価に関する学術論争にも影を落とした。

　1957年、歴史家李文治は農民戦争の発展が地主階級内の矛盾拡大を生み、一部の中小地主層内から参加者が見られるようになり、革命陣営も連合戦線の拡大がなされたという見解をのべ、一般的な認識として定着したようにも見えた。農民戦争に参加した知識人、李岩評価に郭沫若と異なる考え方は1960年に出現する。論者の名とその主張内容

は旧著と重複するので、行論の必要上、評価の枠組みだけを以下で紹介しよう。

　参加した地主知識人を全面否定する方法は、最初から最後まで革命政権を破壊させ、封建政権に転化させる役割を果した。人心収攬と政策提言も空論にすぎない。この評価の枠内に属するが、共通の敵に対するという範囲内で、参加後しばらくのその提言と行動は農民戦争の発展に良い作用を及ぼしたが、大順政権の危機に陥ると地主的野心を露にし封建王朝に転化させた。結局参加の前も後も地主的立場を変えなかったといい、こうした階層の人々は農民革命家になることはできなかったという。上記の評価に対し、李岩は参加前、農民の収奪の緩和をめぐり支配層内で対立し、参加後は農民の利益と要求を集約・立案し、革命情勢の発展に役割を果した。李岩は大順政権崩壊期に動揺も見られるが、農民政権内部にあっては地主階級の代言人などではなく、農民軍指導集団の一人として評価できる。さらにもっと踏み込んで、地主階級から農民階級に移った指導者と評価する論者もみられる。文化大革命中は農民階級とその指導者の役割が強調され、李岩等知識人の役割について触れた専論は見られない。李岩の殺害についての発議は牛金星とするのが一般的であるが、阿英は李岩が農民政権を封建政権に転化させようとしたため農民革命指導者との矛盾が生じ、彼の殺害を命じたのは李自成自身の考えとする。なお大順政権宰相牛金星は、地主階級の投機的知識分子で李岩との対極に立つ悪者として扱われる。

　1977年まで大勢は李岩が歴史上実在の人物であることが既定の前提であった。この時期李岩が歴史上の実在を確証しにくい人物として、

史料的検証からはじめた例外的論文が存在する。曹貴林「李岩述論」(『歴史研究』1964-4)である。曹は李岩が李自成の乱参加後、「農民政権」内部の地主の代言人などではなく、最後まで農民の利益のために活動したと評価する立場に立つ。論旨を展開するにあたり第一章論文の註で、李岩実存説、李岩を李自成の呼称とする説、李岩は歴史的に存在しないとする史料上の李岩に関する三説を分類・紹介する。さらに父親が李精白と伝承されたことから李岩と李栩が同一人と誤伝された問題も取り上げ、『綏寇紀略』と『潁州府志』等を比較しつつ、李岩と李栩のいくつかの類似点を承認しつつも生卒年代や活動の立場の相違を明確にして、同一人であるとする説は成立しないと断定した(佐藤・本著二章参照)。これらの論証と方法は後の李岩問題研究に大変有効であり、政治闘争に奉仕する風潮が強い傾向の時期に科学的実証的方法を堅持しょうとした論文として貴重である。

B　1978年以降の李岩論争——李岩は烏有先生か、実在の人か

1．顧誠、欒星の主張と趙国光、陳生璽の反論

1978年、北京師範大学教授顧誠は、李岩が烏有の人で歴史的に実在しないという衝撃的論文「李岩質疑」(『歴史研究』1978-5) を発表した。文革中、同大学の外国問題研究所でアメリカ問題研究を担当して英語文献を読むかたわら文革に参加していたが、文革の動向に疑問を感じるようになり、1971年頃から秘かに明代史研究の時間を意図的に割き、5年間かけてこの論文を書き、文革終了とともに公表した (佐藤、2004)。

顧誠は大略、次のごとく主張する。李岩に関する記載は非常に多いのに、原史料或いは檔案、官僚の報告、李自成軍と関連をもった人の懐旧録等の一級史料に名前が見当たらない。この謎を解くのに、本著三章Cでも紹介した清初以来の案件（「旧案」）である李岩の存在を否定する、李岩の地元とされる河南の『開封府志』、『杞県志』や近隣の帰徳府商丘県の人で直接反乱に巻き込まれた体験を持つ鄭廉の著『豫変紀略』等の再評価を提言する。早期伝説では李公子は李自成を指しており、李自成は別に李炎、李牟公子、李岩等とも呼称された。李自成の別名李岩の伝説は広範囲に伝えられていたが、現時点では史料が不足しなぜ李自成が李岩と呼称されたのか、その理由を速断できない。民間流伝の李公子＝李自成は起義が最高潮に達した頃、起義と関係のない人の中に李公子＝李岩伝説が出現し、この朦朧とした李公子＝李岩伝説に血肉を付与したのが、懒道人『新編勦闖通俗小説』とこれを受け継いださらなる反動小説『定鼎奇聞』、これらを広く世に知らせた『明季北略』等であり、さらにこの伝承を採用した正史『明史』が後世悪影響を拡大した。

　顧誠とほぼ同時期李岩の存在を否定し李公子＝李自成説を主張した欒星も、江南や浙江・福建に伝えられる李岩伝説がその地の文人の著述により李公子＝李自成から李公子＝李岩にすり替えられ、伝説の杞県の人李岩が李自成より分離され、『明史』に挿入されることで伝説の人が史伝の人・史蹟の人となったとしてその経過を詳述する。さらにこうした人物像の潤色に関与した書籍として顧誠のあげた以外に、談遷『国榷』・毛奇齢『後鑑録』、呉偉業『綏寇紀略』を追加し、特に『綏寇紀略』の役割を強調した。なおこの観点は著名な作家姚雪垠の

歴史論文でも考証されている（姚雪垠、1981）。顧誠等が『新編勦闖通俗小説』等を反動小説と断定するのは、李岩を天才的宣伝家とすることにより、農民戦争の指導者としての李自成の役割を低く歪曲しようとした意図があると考えたからである。顧誠はこの観点から伝えられる李岩に関する事跡を、その出身と早期経歴、乱参加後の状況、北京での事跡、李岩殺害の四項目に分けて詳細にして徹底的に批判し、李岩を烏有先生とした。

顧誠の見解に対し翌年張国光は「関于《李岩質疑》的質疑」（『北京師範大学学報』1979-2）を発表し、李岩に関する史実上の記載には、彼が李精白の子、紅娘子との関係等虚飾はあるものの、李岩なる人物が歴史的に実在しなかったというのは誤りで、史料的にも杞県の郷紳の子弟であり、起義軍での宣伝・扇動工作に従事し、最後に二李（李岩と李牟兄弟）が殺害されたことを証明できるとして、顧誠説に次の如く鋭い反論を展開した。

旧案評価から李岩を否定する方法は一方的で、当地の人が当地の事を語ることに最大の権威を置いているが、逆に当地を侮辱されることを怒った縉紳の怒りに基づく場合も多く、かえって地方の見方にとらわれ易く真実を隠弊してしまう危険性がある。又、李岩事跡が北京撤退のはじめには江南にすでに流伝しており、その後に出現した『新編勦闖通俗小説』（顧誠は遅くとも順治2年5月頃までに出版されたとする。著者佐藤は順治元年8月初旬頃と考える。二章A参照）で創造された李岩が流伝したと考えるのは、無理なこじつけである。又顧誠は李岩を李自成の別名と考えるが、（闖王となっても）李自成がなぜ李公子と称されたかについて、史料がないとの理由で考察しないのは科学的でない。

この問題について張国光は李岩の流伝が相当広いのは、民間が李岩と李自成を弁別できなかったためで、これは李自成とは別の人李岩の加入があったためとする。封建文人が李岩の歴史作用を誇大にいうのを批判する必要はあるが、勢い李岩という歴史人物を否定するという極端に走るのは妥当でないという。確かに檔案や官僚の文書の如き第一級の史料中に李岩の名は発見できないが、直接見聞中にも一級史料というべきものがあり無視してはならない。そうした史料事例として、張国光は宦官王永章の記した『甲申日記』を挙げる。彼は崇禎帝の命で、皇太子を紫禁城から脱出させさらに宮廷の内部工作にも参加し、大順軍の北京退出までを記したが、その中に李岩の名がある。その他の李岩の活動を記した見聞史料、例えば趙士錦『甲申紀事』、陳済生『再生記略』、楊士聰『甲申核真略』等も重視すべきをいう。

　張国光の批判に対し顧誠も再批判する（顧誠、1979）。張国光の重視した見聞録『甲申日記』について、作者は宦官の王永章ではなく清初の満洲皇室に媚を売る「無恥の文人」であり、内容は偽造・捏造・史実の誤りに満ちており、とても重要な一級史料といえる代物ではない。李自成の伝承では李自成は同音・近音による李炎、李延、李兢、李岩といわれ、李自成が李岩といわれる確実な史料は現在のところ見出せない。その理由に答えないと批判する張国光に対して、無理に予測を試みれば陝西から天下をとるにあたっての改名か或いは宋献策の影響下で一字名に改名したとも考えられる。李公子伝承で人々が「（李）岩と（李）自成を弁ぜず」というのは、二つの反動小説（『新編勦闖通俗小説』、『定鼎奇聞』）の作者達が、李自成は陝西米脂県人、李岩は河南杞県の挙人で安徽阜陽県人李精白の子として創り上げたのが原因で

ある。特に順治2年（1645）、大量に売り出された反動小説『新編勦闖通俗小説』が李岩の形象を塑像したばかりか、各地の貧苦の農民が作り出した革命歌謡を李岩の名の下に直結させた。この論を封建文人が取り入れ、康熙以来の各種史籍が採用するようになったとして、一人の天才宣伝家李岩を捏造した元凶として、再度『新編勦闖通俗小説』を徹底的に批判した。前稿の「質疑」論文では李岩の存在を否定したものの、李自成等の指導者がある読書人に指示して法令や告示を起草させたという観点からの研究の必要性を述べていたが、今論文の「再談」ではそうした知識人の役割を否定している。

以上の論争から李岩事跡は顧誠が整理・否定した項目の内、出身と早期経歴及び最後の李岩兄弟殺害についての資料はほとんどが『新編勦闖通俗小説』とこれを受けた『定鼎奇聞』によっているが、乱参加後と北京在住時期については何種類かの李公子＝李岩の活動に関する史料が見出されることが明らかにされるとともに、こうした檔案以外の史料についての性格論争に波及した。

この北京での活動を中心に、李岩の実在を考証しようとしたのが南開大学教授陳生璽であった（『社会科学輯刊』1988-5）。彼はそれまでの北京で李岩が見聞された史料を検討し、これに新たに甲申（1644）7月の日付のある王承曾「苦界還生記」（『丹午筆記・呉城日記・五石脂』、江蘇古籍出版社、1999）を紹介した。この著者、王承曾は明朝の崇禎14年（1641）2月襄陽府知事時代、張献忠に攻撃されその包囲を突破して逃げたため、明朝から北京の獄に下されたものの、李自成の北京進駐で釈放され、新政府からの重用を期待しつつ自由に承天門門外を移動できた。その彼が北京における劉宗敏・李岩等を目撃した状況を記

す。したがって顧誠のいう李岩の出現は『新編勦闖通俗小説』による偽造の結果でなくそれ以前であり、この史料は信用できるという。又別に、康熙7年（1668）の序文のある張怡『謏聞続筆』を挙げ、同書には李自成軍内で李岩と牛金星を重要人物として描き、未だ李岩殺害記事もないことから、この内容は作者が自分の目で見た北京進駐期の伝聞と実情を伝えており、李岩の存在を確認できるという。又顧誠や欒星等の李自成＝李公子論者の主張について反論し、貧困農家出で駅卒の李自成を「公子」と称する背景はなく、伝聞で李岩の出身家柄が李自成の上に加えられた場合も存在するが、実際李自成に接触した人の伝聞で彼を李公子と称した例はないという。こうした李自成を李公子と呼称する伝聞の発生は農民軍後期、李岩の参加後でありこれ以前にはない。顧誠等が李岩なる人物を作り出した最も政治的反動小説とする『新編勦闖通俗小説』は、北京進駐後、各種の李岩伝聞に内容が加えられたものであるが、この書には各地で直接抄録した軍事情報（塘報）・章奏に保存された史実を軸にした内容であり、創作による小説といえるものではないとする。

　同一史料から李岩の存在の有無の論争、例えば北京駐屯の当初、軍隊を送り開封府祥符県出身の天啓帝皇后懿安皇后を保護し邸宅まで送りとどけ名誉ある死を選択させた人物、崇禎帝の死を聞き自らも追随した杞県出身の高官で郷里においても尊敬された劉理順を、その死を知らずに軍を率い救出しようとした河南杞県出身の将軍、さらに趙士錦『甲申記事』の附録にある順治元年（1644）4月28日から29日にかけて兵を指揮して天津を攻撃した李公子が李岩か否か等々、資料解釈の論争課題も発生しているが、本著では煩瑣になるのでこれ以上触れ

五　中華人民共和国における李岩論争　　　　　149

ない。

　その後の李岩烏有先生説の継承について述べておこう。顧誠は先の二本の論文公表以後、李岩問題について触れることはなかった。以後この立場から勢力的に細部にわたり証明しようとして論文を発表し続けたのは欒星で、1986年にそれまでの論文を『李岩之謎―甲申史商』としてまとめ、1997年には増補版『甲申史商』を出版した。一方顧誠の論旨は秦新林が引き継ぎ、李岩実存説に批判を加えている。

　秦新林は1995年に『新編勦闖通俗小説』が李岩像を創作したとする専論を発表した。この小説の出版の時期を顧誠の想定より一年早く、又従来の説の中で最も早い甲申（1644年）の6月20日以前とし、甲申に関する史料中で最も早かったため、ニュースに飢えていた江南の読者を引き付け、江南に広く流伝し翌年にかけて版を重ねることになったという。本書の性格は史料としてではなく歴史物語の講談体の小説、歴史平話小説であるとし、中身は南明弘光の「中興」に期待し、呉三桂を誉めそやし農民軍を骨の髄まで恨んでいる反動小説とした（秦新林、1996）。したがって李岩なる人物は、『新編勦闖通俗小説』の作者が作り出して影響を及ぼし拡大したわけであるから、李自成がなぜ人々により李公子と称せられたか、李岩がなぜ河南杞県の人とされたのかを特に検討する必要がないとまでいう。秦新林は『新編勦闖通俗小説』中の李岩以外にも、二名ほど架空の人物がいるとその名をあげているが、これは史実との関連を検討する必要があろう。顧誠の見解をさらに押し進める方法として、『新編勦闖通俗小説』の出版時期を崇禎17年（1644）6月と早め、その結果かの創作人物李岩が江南に広がり、

農民革命の指導者李自成の人物と役割を曖昧にしてしまう反動小説として結論付け、この書から派生したいままでの論争課題を考慮する必要なしと、片付けてしまうのはいかがなものであろうか。なお秦新林は別論文（1996）で、陳生璽論文を始め以下Ｃの論争（3）でのべる李岩が杞県の人であると主張した蔣祖縁（1984）・李肖勝（1986）・張鶴峰（1986）を批判し、李岩烏有先生説を主張している。

2．歴史小説家・歴史研究者としての姚雪垠
（1）長編歴史小説、姚雪垠『李自成』の誕生

姚雪垠（1910～1999）はキリスト教会経営の旧制高等小学校を卒業した1924年夏、軍閥呉佩孚の駐屯地洛陽に行き幼年兵になろうとしたが、兄の強い反対で信陽州（河南省汝寧府）にある教会の経営する中学に入学した。ところが第二次奉直戦争が始まり中国全土が軍閥間の戦争で混乱し、河南地方も同様の状況下に置かれた。ために彼の通う学校でも休暇を早め学生全員が速やかに学校を離れるよう通達を出したので、次兄や友人と故郷の鄧県（河南省鄧州）に戻る途中、泌陽県（河南省南陽府）境で土匪に拘束され100日間の抑留生活をおくるはめに陥った。その体験を1947年自伝的小説『長夜』として発表した。『長夜』の執筆と並行して地域・状況の背景が似る明末の李自成の乱に関心を持ち、これについての小説を書きたいと思った時期は抗日戦争中であった。

　1957年、彼は右派と批判された時期、小説『李自成』の執筆を開始し1963年に第一巻初版本（1977修訂本）が出されたものの、第二巻出版は1976年であった。この十数年の間に姚雪垠はさらに政治の嵐の渦

五　中華人民共和国における李岩論争　　151

中に巻き込まれる。1964年「我所理解的李自成」（羊城晩報）で、『甲申三百年祭』とは異なる視角で李自成の乱を執筆するとの彼の創作意図を明らかにし、郭沫若を批判した。1966年文化大革命中、『李自成』第一巻は反党反社会主義の大毒草として批判・攻撃されたため、姚雪垠は直接毛沢東に実情を書信で訴え、これを見た毛沢東が武漢にいる姚雪垠救済を党組織に指示する。しかし動乱中、蔵書・カード、二巻原稿等が奪われ身体も傷つけられる。さらに1969春、毛沢東も認めた〈不朽の価値〉を持つ中央委員郭沫若の著作に反対すると批判され、"牛棚"中に軟禁された上、極左の老大家の反対で第二巻の出版も押し留められた。1975年になると四人組の妨害で書けず、党の上級指導部に訴えるとともに再度毛沢東にも手紙を書き、再び毛沢東の支持を受けた。このように毛沢東の盟友郭沫若を批判して創作と生命の危機に陥り、これを毛沢東に直訴して救済されるという複雑な経過の中で小説『李自成』の創作が継続された。

（2）郭沫若『甲申三百年祭』批判と識者による反批判

以上の経緯からわかるように、文革終了後の姚雪垠は郭沫若の同書と彼に対する批判は、怨念ともいうべき激しさで展開される（姚雪垠著書、1977前言、1981）。その批判の第一は、この郭沫若の著作が「実事求是」の精神を持たず、科学的根拠のない非科学的な著作である。史料を博捜せず、二、三の野史にのみによるのみで真偽も確かめず、思いつくままに重大な歴史問題に結論を下し、誤った歴史知識を宣伝した。第二には学術が政治宣伝に従属し、時の指導者の評価のみで権威となった書である。これは中国現代史上の特殊土壌で生まれた、不

正常な現象を象徴している。

　姚雪垠の郭沫若批判方法に対しては、李岩評価方法の相違を超えて多くの反論がよせられた。その代表として姚雪垠と同様の考えを持つ、李岩烏有先生説の立場に立つ論者の代表的存在、顧誠の反論を紹介する（顧誠、1981）。彼の姚雪垠論文批判の第一は、どんな史籍も時代の政治条件下で発生する。『甲申三百年祭』も時代の産物であり、そうした伝統を特殊土壌と批判するのは誤りである。この著作は時代の需要に基づく歴史の教訓を描き、郭沫若の深遠な思想性と高度な芸術性と結合したものとして評価できる。又、姚雪垠は自身の著作を科学的態度の厳しい著作とするが、毛沢東の支持で執筆と出版が可能となった事実はやはり特殊土壌ではないのか。

　批判の第二は、同書が史学研究史上からも優れていると評価できる。郭沫若は明史の専門家でもなく、明史の史実もあまり明らかにされていない混乱期にあっての、いわば創世記における開拓者の論文であるから当然誤りは免れない。それにもかかわらず同論文の基本的視点は正確で、農民戦争史研究と40年代マルクス主義に基づく名論文として位置づけられる。しかも郭沫若は史実の誤認の批判については、素直に誤りを訂正している。

（3）李岩・紅娘子の歴史的存在の否定

　1977年出版の『李自成』第一巻上冊の前言では、李岩は杞県の人でなく又李精白の子でもないが、大順軍中には確かに李岩なる人物は存在しており、こうした歴史人物をいかに評価するかが問題になると記していた。その評価の方法は郭沫若に反対して、李岩の加入で明末の

農民革命が始めて正しい軌道にのったのではなく、革命が進展したのは李自成とその部隊・人民群集の成熟が基本である。李信はやむを得ず明朝に背いただけで、自身の出身基盤である地主階級にはいささかも背いてはいない。彼の参加で一定の運動の推進作用はあったが、決して決定的作用を成さなかった。李岩は大順軍で特殊な勲功も建てなかったし、特別に重用されることもなかった。

しかし郭沫若『甲申三百年祭』を徹底的に批判する1981年頃には、自身が青年時代三度程、杞県城内に住んだ事があり、長い時は半年以上に及んだが李岩と紅娘子の話など聞いたこともなく、杞県城内にいる旧い友人達もこうした故事は誰も知らないといい、顧誠や欒星と同様、『杞県志』の「李公子弁」や『豫変紀略』を高く評価した。李岩実存の人を主張する論者の根拠となっている史料と野史を批判し、李岩烏有先生説に主張の重点を移動させた。そして李岩のストーリーは基本的に子虚烏有なので、彼が殺されたのは牛金星の責任かどうか、大順政権にどのような影響を及ぼしたかどうかの問題は討論の必要性がないと論断した。したがって種々の仮説と推論を基に書かれた『甲申三百年祭』はその立論の基礎を失い、空談に属する非科学的論文という。『新編勧闖通俗小説』等は明清交替期の士大夫文人が伝聞を基に、李岩の役割を美化・誇張することで、李自成とその部隊の評価を低める目的のために書かれたとして、顧誠・欒星等と同様な結論に達する。なお紅娘子については、一貫してすべてが虚構からなると主張する。

(4) 長編歴史小説『李自成』中の李岩・紅娘子

a．李岩

　歴史家としての姚雪垠は史料批判を背景に李岩と紅娘子の存在を厳密に否定したが、歴史小説家としての姚雪垠は小説中で彼らを構成上、重要な人物として登場させる。作者姚雪垠自身、土匪世界で有名な河南省豫西の生まれで、先にも紹介したように1920年代この地は紅槍会、大刀会等の様な地域の大武装集団と大小の土匪が存在する中、彼自身も土匪による抑留生活を体験したが、熟知する中原と北方の農村生活と風俗、土匪独特の用語、河南や陝西等の華北の方言はそのまま明末社会とも重なる。こうした当該地域の言語風俗を駆使して、小説『李自成』内で李岩も紅娘子も活写される。

　李信の家は杞県城北門にあり、20歳で牛金星と同じ天啓7年（1627）の郷試に合格し挙人の学位を得たものの、父親が奄党として処分された李精白であったので進士への上級試験、会試を諦めた。夫人は開封府の名門湯府からきた湯氏であった。文武に秀でる李信は飢饉で苦しむ小農・都市貧民・小商人等の救済をめぐり従来から対立関係にあった杞県の有力郷紳や知県と対立し投獄されるも、紅娘子の勢力や弟の李牟、救済された恩義を感じた人々に救出されるストーリーは『新編勦闖通俗小説』以来伝えられた筋である。李自成軍に参加するまで、紅娘子や李牟の勧めに対しても優柔不断な態度に終始する郷紳の子弟の一面が強調される。やっと参加を決意した時には、これに反対していた湯夫人が自殺するとするストーリーである。

　李自成軍に参加後の役割は李自成・牛金星・宋献策等が主要な役割を担い、伝承上の李岩の役割は低く抑えられる。李岩伝承では税や徭

役の免除か軽減、貪官・富豪の財を貧民に分配、百姓に対する暴力の禁止、李自成は仁義の師等の提起と宣伝で、李自成軍に秩序と方向を与えその性格を飛躍的に変化させたという。姚雪垠は小説内で、こうした傾向は李岩の参加以前、すでに河南に入った李自成自らの指導で、民心の収攬を最優先にしようとする軍自体の性格の変化があり、宋献策・牛金星の重用で一層明確となっていた。参加後の李岩の役割は、李自成に洛陽の飢民救済を命じられ、そのためそれ以前から民間で歌われていた歌謡や李自成の仁義の師等の宣伝を集中して組織的に行う等の提言に限定されている。しかも李公子は仁義の師と歌わせて宣伝させたが、これでは仁義の師が闖王であるのに、結果的に現場の責任者の自分を李公子＝李岩＝仁義の師と間違って宣伝させてしまうという重大な誤りを犯したと批判されたが、李自成はこれを不問に付すという寛大な処置をとった。姚雪垠は小説内で李岩を登場させるものの、伝承上でいわれる李岩の役割を低く抑えて描いている。

ｂ．紅娘子

歴史上の存在を完全に否定された紅娘子は、小説『李自成』中で活写される。伝承でいわれる李岩の妾や世間を渡って歩く「女流氓」（女性のならず者、やくざ）としては描かず、封建社会の中で圧迫と侮辱を受け、ついには農民革命に参加し活躍する典型的な女性として創造される。

紅娘子は河北省大名府長垣県の貧しい農家の生まれで、幼女の時期に両親を亡くしたため、やむをえず生活のため綱渡りや武芸に励み上達し、江湖（世間）を流落しながら売芸で身をたてていた。売芸とは

いっても楽戸や縄妓の生まれでなく、家系に汚れはなく、性格は毅然として豪快で公明正大である。崇禎13年（1640）時に23歳。当時杞県の市場である圉鎮に自身の兵を駐在させ、商人とは公平な取引をし庶民をいじめることなく友好な関係を保っていた。彼女は李信の兄弟とも知り合いで、李信の評判も熟知していた。投獄された李信を救出し李自成軍への参加を躊躇する彼に説得したことはすでに述べた。伝承上では紅娘子が李信を拉致して彼に身を任せて夫婦になるよう強制したというが、これはかつて別人が悪意をもってデマを流したため人々は真実と思ったといい、姚雪垠は小説内で紅娘子は結婚の経験はなく、又紅娘子が一方的に惚れたのでなく、李信（李岩）も彼女を十分尊敬していたとする。二人の結婚も李自成軍参加後、李自成や宋献策等の首脳が二人の関係を慮って間を取り持ち成就させる。これは姚雪垠の紅娘子という人物創作の一例である。

　以上のごとく、姚雪垠は歴史研究者としては歴史上の両者の存在を否定し、歴史小説の創作上では重要な人物として描く。郭沫若の画期的な論文を、姚雪垠は歴史論文としては二人が存在することを前提にした非科学的論文として徹底的に批判した。但し郭沫若の論文は『新編勦闖通俗小説』を基本としているのであるから、姚雪垠自身も李岩の存在を始めて伝えた『新編勦闖通俗小説』を徹底的に批判する必要があり、その点で説得力を欠く。出版はされなかったものの、郭沫若自身も同書の注釈を行う意向を表明していた。

3．河南省を中心とした李岩論争

　河南省を中心に李岩が杞県の人として実存したとする主張は根強く、

五　中華人民共和国における李岩論争

これに対し李岩は烏有先生の立場をとる派との間に論争が展開されてきた。また杞県の人ではないが実在の人であるとする論者と、これに反対する立場からの論議を含め、複雑化している。以下論争の内容と経過を概略してみるが、問題が多岐にわたり李公子論争の全体像を俯瞰するという本書の性格から、主要部分の紹介であることをお断りしておきたい。

（１）李岩、実在の人・杞県の人をめぐる論争
　ａ．李小白・邢樹恩・杜宝田等の主張と欒星の反論
　李岩は実存し杞県の人であることを主張したのが李小白であった。郭沫若『甲申三百年祭』が出版された1945年頃、杞県籍の李小白は中学校教師の職にあり、杞県・開封等で数十年にわたって教鞭を執りながら、前後30年以上にわたり李岩に関する史料と民間で伝えられた郷土伝聞を蒐集し、李岩杞県人説を考証しようとした熱心な民間の研究者であった。論文「〈李公子弁〉弁」は彼の死後遺稿として発表されたが、筆者は残念ながらその論文は入手できなかったものの、彼の業績を継いだ研究者とその反対者の論争内容の言及から、李小白の主張の大筋を理解することにする。

　1982年、李岩杞県の人を主張した二論文が『中州今古』創刊号に掲載された。開封市社会科学学会連合会を代表した常育生・程子良の調査報告「有関李岩的伝聞与線索」と杞県県志編集室に所属する邢樹恩・杜宝田論文「杞人李岩并非烏有先生」である。いずれも李小白の研究成果によっていたが、特に後者の論文は李小白の研究成果を積極的に継承し、清初に存在した李岩烏有先生を復活させた顧誠の議論を否定

する意図をもっていた。翌年欒星はこれらの論文、特に邢樹恩・杜宝田論文に対し、『中州今古』誌上で二号にわたる論文「李岩伝説的余波——対新考証李岩并非子虚烏有的質疑」(1983・4、5) を発表し厳しい反論を展開した（後、著書『甲申史商』に収載）。以下で邢樹恩・杜宝田と欒星の論争の概要をみることにしよう。

　邢樹恩・杜宝田論文は大略二つの主張からなる。その第一は『明史』流賊伝の李岩の記事は拠るべき事実に基づいており、李岩は実在した杞県の人である。これを書籍上と伝承上からの確認を試みる。まず書籍上の史料の検討から次のようにいう。彼らがその成果を継承した李小白が、李岩杞県の人を確証したとする主要な根拠は、山東高唐州に属する夏津県の県志『夏津県志』(乾隆6年序・刊) の記述である。この『夏津県志』は雍正8年 (1730) に赴任した知県方学成が、康熙年代編纂の二つの県志 (12年、52年) は期限に迫られて慣行どおりの形式で書かれた特徴のないものであったので県の総力をあげ、足りない費用は自らポケットマネーを出して編纂したものである。彼は清廉潔白な人柄でその政治は公平無私、悪弊に立ち向かった知県として著名である。その県志巻6官守志・職官に万暦41年 (1613)、夏津県知県に赴任した李精白を「河南杞県の人」と記してあるのを有力な根拠としている。

　書籍上から見た第二点として、李岩烏有先生を唱える側の有力な根拠となる史料の一つ、鄭廉『豫変紀略』を批判して以下の如くいう。本著三Cでも触れたように、作者鄭廉は少年時代、明末有力流賊の一つ羅汝才軍に捕らえられ営中で抑留された体験中でも、又自身の出身地商丘県 (河南帰徳府) は杞県から180里の近さにあって知己も多いが、

どちらにしても李自成軍に参加した李岩なる人物は聞いたことがないと記した。邢樹恩等はこうした鄭廉の否定の仕方は、一人の見聞には限界があることを示すという。例えば同時代の人趙士錦（明朝管倉庫吏）の『甲申紀事』や、天啓帝皇后の安全を確保するために軍を派遣した李将軍に関する記載（龔鼎孳「聖后艱貞記」）が残され、さらに杞県の東70里の近さにある睢州の人湯斌の例を挙げる。湯は順治の進士で康熙18年（1679）の博学鴻詞科に合格して明史館に入り、康熙21年（1682）には総纂を任じられ『明史』編纂に関与したが、当然流賊伝に杞県の李岩に関する記載があることは知っていたはずである。その他龔鼎孳と並ぶ清初江南「三大家」の一人、呉偉業も『綏寇紀略』で李岩の存在を明記しており、このように著名な複数の文人も李岩の存在を証明している。

書籍上から見た第三点として『樵史通俗演義』の評価方法である。康熙32『杞県志』に附せられた「李公子弁」、及びこれを転載し評を加えた康熙34『開封府志』は、『明史』に烏有先生、李岩に関する事項が記載されつつある事態に危機感を持ち、特にその記述の基礎となっている『樵史通俗演義』を批判して、『明史』に記載しないよう要請する目的を持っていたことは、本著三Ｃ１で述べた。『開封府志』の批判では、売国の大老が作者を雇ってでたらめな反動小説『樵史通俗演義』を代作させたという。近年の王春瑜（1981、著書1988）の研究によると『樵史通俗演義』の作者は生員陸応陽であることを明らかにした。この成果により邢樹恩等は『樵史通俗演義』の作者は高潔な愛国者で、なぜ売国大老がそのような人を雇って「子虚烏有の類」の李岩を書かせる必要があるのかと反論する。『樵史通俗演義』は天啓以降

の明の歴史を客観的に書き、『明史』編纂の一助としようという意図のもとに書かれたことはすでに述べた。

　書籍上の第四点として、邢樹恩等は100年近くを要した『明史』には著名な歴史家がかかわり、しかも皇帝の勅許を受けたのは拠るべき事実を踏まえたためであり、さらに大規模な文字の獄のさ中、李岩が虚構の乱臣賊子であったなら当然削除されたはずとし、『明史』に対して全幅の信頼を表明する。

　さらに彼らは書籍以外の杞県における伝承面から、杞県の人、李岩が実在した傍証を試みる。李小白の研究及び杞県での伝承に関して開催された座談会で、様々な伝承事例が紹介された。例えば李岩の後代と自称する杞県人の家に、文革で焼却されてしまうまで李岩像と伝えられた「素巾紅袍」の書生が描かれた軸があったといい、発言した当該杞県人の母が新婚時代に見たという。杞県の古老の話として杞県の尚家胡同以東がかつて李岩の故宅であり、さらにここに住んだことがある別人の祖母は、李岩家の緑色の瓷盤（陶磁器製の大皿）を発掘したことがあるという。その他、杞県城外東平里の太平庄に李岩の別荘があり、郷居は県城南50里の荊崗（或いは圉鎮）にあったとの言い伝えも紹介されている。邢樹恩等はこれらの伝承は、李岩杞県人としての傍証になるという。

　邢樹恩・杜宝田の主張の第二は、『杞県志』から李岩の存在を抹殺した原因と方法に関する内容である。李岩伝が『杞県志』から抹消されていく経過について、邢樹恩等は李小白の研究成果を引き継ぎ次のごとく述べる。杞県には三大望族の孟・李・侯三家があった。李岩の父といわれた李精白と孟紹虞は幼年から一緒に府・県考試を受験し、

五　中華人民共和国における李岩論争　　161

李精白はたいてい孟紹虞家を宿舎とした。二人とも同年に、万暦31年（1603）の挙人、万暦41年（1613）の進士となった後、孟紹虞は礼部尚書・翰林学士に、李精白は山東巡撫、兵部尚書（退職後に贈られた）に出世した。しかし天啓時代、両者とも魏忠賢に媚びて生祠を建てたため、崇禎初年奄党として処分され職を解かれ各々帰郷した。侯氏は商丘県侯氏が代表格で、明末清初には侯恪・侯恂・侯方域と続く。李岩は郷土伝聞によると李自成軍が最盛期を迎える崇禎16年（1643）から17年にかけて、杞県城内の孟紹虞を大順に出仕するよう勧誘し、獄中にあった侯恂を大順に出仕させた。侯恂は、旧明朝の三品以上の官僚で出仕を許された唯一の例外である。

　孟・侯・李三望族と『杞県志』編纂の関係について次のような見解を述べる。未刊行であった順治『杞県志』を除き、刊行された『杞県志』は、康熙32年、乾隆11年、乾隆53年、民国8年（『杞県志稿』）、1960年であった。問題は結局刊行されなかった順治『杞県志』草稿内容に関わる。かつて李小白の問いに答えて杞県人学者蔣藩等が、民国20年代にこれを見たことがありその中に李岩の事跡が記してあったという。蔣藩（1871～1944）は光緒年代の挙人で民国『杞県志稿』・『河陽県志』の両主纂となり、さらに長期に亘り開封の河南通史館に勤務し、河南に関する史書の未完成品を多く残した。李小白の分析によると順治『杞県志』草稿が李岩記事を残した理由は、李岩死後年月があまり経過しておらず事実を知る人も多く記入せざるを得なかった。清朝支配が安定する康熙志編纂期になると孟・侯両家は新しい「忠孝世家」となるが、李岩は乱臣賊子として評価が定着したため、杞県人は敢て李岩が同郷であると認めず、李姓も彼を同宗と認めずかつての親

友も彼との関連を認めず、ついには李岩のことを言わなくなった。『明史』と県外の作者は李岩について書いても連座しないので大量の記述を残したが、杞県志で記述するのは困難であったという。

李岩死後50年余を経た康熙32年（1693）編纂の県志は編纂権の実権を孟・侯二姓が握り、先人の李岩との関連事実を抹消し後世の批判を避けるために、李岩は後人の教訓とする材料としては不適切との理由で県志から削除し、以後の県人も禍根を恐れこれについて触れようとしなかった。乾隆53年（1788）刊行の県志編纂に参加した孟・侯二姓は、李岩烏有先生を記していた「李公子弁」が、李岩実存の人を採用した『明史』流賊伝と対立するために削除するが、李精白と共に奄党とされていた孟紹虞を明朝に対する忠臣烈士としてその伝を確定した。こうした経過を勘案した近年杞県の学者の中に、『杞県志』がいつも孟・侯両姓の家譜になっていることに心をいためていた。1960年刊行の主纂者、杞県孟姓の子孫である孟昭朴（清抜貢、杞県の副県長）は、先人族姓の偏見に基づき史実を歪曲する誤りを正して県志内に李岩伝を立てた。

以上の主張に対し欒星は次の如く反論する。『明史』の刊行以降も、杞県では李岩が烏有先生というのが常識であったのに、郭沫若『甲申三百年祭』が出版されてから李岩は杞県人で実存の人として定着してしまい、ついには近年編纂の杞県志（1960、『杞県志稿』）には李岩伝が立てられることになった。顧誠の論文が「旧案重視」として李岩烏有の人説を再提起したのに続き、欒星も杞県の事態に危機感を持ち「旧事重視」として「李公子弁」を高く再評価して李岩烏有先生を主張し、

五　中華人民共和国における李岩論争　　　　　163

李岩杞県の人をとなえた先の論者に反論を展開した。そのためまず、郭沫若『甲申三百年祭』(1944)と再版の附録「李岩に関して」(1946)を批判する。これらの作品は人民や軍隊を教育する政治的目的では大きな影響力があったため、李岩の李自成軍中での役割と作用を過大評価することとなり、李岩と紅娘子の存在は既定の事実とされた。郭沫若は李岩を烏有先生説とする河南の文献、『杞県志』の「李公子弁」や『豫変紀略』を見ていなかったので、立論が偏り真実を伝えられなかった。

　次いで李岩杞県の実在の人を定着させようとする李小白を継承した邢樹恩等の論文を批判し、主張の論拠は薄弱でその目的をはたしていないという。彼らが李岩杞県人説の書籍上の根拠とした第一点の乾隆『夏津県志』について、李岩の父親といわれる李精白を河南杞県の人と記したが、これは県志主纂者である知県方学成の誤記であり、この時期いまだ『明史』を見るのは不可能であったため、『綏寇紀略』・『後鑑録』・王鴻緒『明史稿』等を参照したという。又書籍上の第二点にあった、李岩杞県の人を記した『明史』流賊伝の正しさを保証する人物として彼らが挙げた、明史館で『明史』編纂を分担し一時『明史』の総纂も経験した湯斌について、彼は杞県の近くの睢州出身といっても崇禎末は北京におり、『明史』編纂の分担も隆慶以前で、他の分担者の領域に口出しはしない。さらに李岩実存の事例として挙げられた、龔鼎孳の記した天啓帝の懿安皇后に関する記事は虚妄であり、彼らはその原書さえ読んでいないと批判する。

　書籍上の第三点で、「李公子弁」が批判した『樵史通俗演義』を邢樹恩等は高く評価したが、欒星は彼らが『樵史通俗演義』原文そのも

のを読んでないのにこのような評価をしたのは、文章内に全く明記されていないが、王春瑜の論文（1981、1988）に拠っていることは明白であるという。王春瑜論文は李岩烏有先生説に立つものの、懿安皇后の記事等の史料はその真偽を慎重に分析する必要があることを主張する内容であるが、欒星によれば王春瑜論文は孟森の早年の見方（孟森著書、1959）により、『樵史通俗演義』は『新編勦闖通俗小説』、『定鼎奇聞』より後なのに成立期が南京陥落の順治２年（1645）とするがごとき誤りを継承している。邢樹恩等は、王春瑜が明らかにした作者陸応陽（本著二Ｂ１）の性格に基づき、清廉高潔で亡明への強い愛惜の情を持つ愛国者が、どうして「李公子弁」内でいう「売国大老」が彼に「子虚烏有」の類の李岩を書かせる必要があるのかと反論したが、欒星は『新編勦闖通俗小説』によりさらに清の支配を合理化する反動小説である『樵史通俗演義』が、どうして愛国と評価できるのかと再反論する。

書籍上評価の第四の結論で、彼らが『明史』流賊伝を全面的評価したのに対し、欒星は明朝滅亡前後を記した多種雑多な甲申史籍がどのように流伝され、それらの誤った内容がどのようにして『明史』に採用されたかのプロセスを彼らは全く研究していないと、厳しい批判を投げつける。さらに伝承面から李岩杞県の人を傍証しようとした彼らの方法に対し、欒星は杞県で掘り起こされた伝承の数々はよるべき氏族文献もなく、一顧だに値しないと斥ける。

邢樹恩・杜宝田による第二の主張、杞県志から李岩が抹殺された経過の解釈について、次のように批判する。まず杞県の三大望族による『杞県志』編纂介入説についてであるが、李小白・邢樹恩等はその望

族の一つ李氏は李精白を指しているとするが、彼は南直隷の穎川衛の人であるから、杞県ではどの李氏の系統に属するか不明である。又侯氏の本拠の商丘県は杞県（開封府）に近いが帰属は帰徳府で、杞県とは所属府が異なり、しかも侯恪・侯恂・侯方域の死後侯氏は衰退しており、『杞県志』編纂を左右する杞県の侯氏について不明である。残りの孟氏が李精白との関係を忌避するため李岩伝の削除をし、孟紹虞の伝記を明に忠誠を尽くした愛国者と描くために、杞県志を操作したとする解釈は無理なこじつけである。というのも孟紹虞は進士同年の李精白が崇禎年代に死去した際、祭文を送り哀悼の意を表し、その祭文も孟紹虞の文集に採録されている。また伝記の都合の悪い事実を所属の県志で修正するのは孟紹虞ばかりでなく『穎州志』の李精白伝も同様で、特殊な事例ではないとする。

　邢樹恩等は未刊行の順治『杞県志』には李岩伝があったが、康熙志では除かれ「李公子弁」が付け加えられたというが、これは民国20年代、李小白の質問に答えた杞県の学者で『杞県志稿』主纂者・蒋藩の見解である。これについて欒星は順治志と康熙志は30年の隔たりしかなく、しかも編集の中心は両志とも何彜光であるから、「李公子辯」を出したり引っ込めたりする行動の説明がつかないと批判する。欒星自身、蒋藩の残した未完成の草稿と注釈・補訂とを全部見たが、選挙志を含め李岩についての言及は一切なく、李精白については一行「穎州（川）衛の人」と備考があるのみであったという。欒星の考察によると順治志草稿は康熙志編纂後まもなく消失し、したがって蒋藩は順治志だけでなく康熙志さえも見ていないという。

　以上のように欒星は厳しい反論を展開し、李岩を杞県人として実証

することは彼が杞県人であることを否定するよりずっと困難であるという。李岩問題は欒星等の世代で解決できればよいのであるがそれも不可能なので、後世の世代への責任上、両論併記が望ましいと新たに進行している『杞県志』編纂（1998年出版）に、李岩伝が立てられ実在の人物として固定される事態への危機感を抱いての提言でもある。

　両者による李岩論争が地方志の評価、伝承の取り扱い等の局面に及んだのでやや詳細に紹介を試みた。この論争について著者佐藤が二、三附言しておきたい。まず第一に李精白と杞県の関係についてである。潁川衛軍籍生員は受験先が正統12年（1447）から応天郷試か河南郷試に変わり、万暦22年（1594）より衛籍生員は開封府学に所属することになった（本著三Ｃ２）。李精白（生卒年代不明）と孟紹虞（1581〜？）との付き合いは、二人とも万暦癸卯31年（1603）挙人（「河南中式」）、万暦癸丑41年（1613）進士の如く、ともに同年に合格しており、開封府学在籍期間が不明であるが奄党として処分され帰郷してまもなく死亡した李精白の死を崇禎４年（1631）頃と推定すると、二人の付き合いは確実に50年以上となる。杞県伝承にある李精白はことあるごとに孟紹虞の家に宿泊していたといわれ、挙人と進士とも同年合格となれば相当の深い付き合いといえる。李精白の父の輩行や兄弟行から、嘉靖年代以降、挙人や進士を輩出しており、制度改編以後河南府との関係は深いといえる。

　次に『夏津県志』の李精白に関する記述解釈、及び『明史』を見て書いたかどうかについて触れたい。邢樹恩等は乾隆６刊行の同県志の記述を根拠に李精白・李岩が杞県の人としたことに対し、欒星は編纂

人の知県方学成が杞県となんら関係のない李精白を、杞県人と誤記したのは頴川衛に関する地理沿革を考察しなかったためであり、李岩の故事を挿入した根拠も呉偉業『綏寇紀略』・毛奇齢『後鑑録』等によったためで、まだ『明史』を見るのは不可能であったという。方学成と『夏津県志』のために弁明しておきたい。同県志、巻6官守志・明知県の李精白の項には「字対泉、河南杞県の人。通志は南直隷頴州（川）衛の人」と記し、出身地に関して三部小説以来『明史』にいたる書誌系統により杞県の人と記すとともに、一方で康煕17序刊『山東通志』の「李精白、頴州（川）衛の人」を引用している。このことは山東では順治・康煕年代、李精白の出身は南直隷の頴川衛の人が通説であったことを意味する。又夏津県知県として砂地での税の不正を正した李精白の功績を称え万暦44年（1616）10月、当時の知県等が「除豁沙地碑記」を建てたが、乾隆6年（1741）の県志はこの碑文を採録するとともに知県方学成がこの碑のために「書後」を書いて李精白の功績を称賛し、その中で李精白の出身を「前邑令頴川李氏精白」と明記している。したがって山東では李精白が頴川衛の人であることは周知の事実であった。欒星は方学成がまだ『明史』を見る機会がなかったと主張しているが、方は『明史』を見たうえで県志の内容を編纂していると著者佐藤は考える。県志（乾隆6年序刊）凡例の一項目中に、旧県志では「魏党李精白を以って名宦に竄入」してしまったので彼を名宦伝から除くが、その欠点以上に県治における善政は著しいのでその政跡を残すと明言していること、及び巻3学校志・書籍には「明史一部共112本」とあり、夏津県ではいち早く『明史』が搬入され方学成はこの書を見ていると思われるからである。したがって方学成は『明史』

の李精白評価を勘案して名宦伝からはずしたこと、及び李精白杞県の人及びその子李岩の記事を挿入するも、彼の出身地を従来からいわれる潁川衛の人（根拠として康熙『山東通志』）を並列したと考えたい。

　三点目に最新『杞県志』と李岩伝について触れておきたい。近年改革開放開始以後の地方の発展状況と今後の展望を行うため、各種方面の総合的記述を目指す全国的地方志編纂事業が推進されているが、その中に過去の歴史も織り込まれている。最新『杞県志』(1998、中州古籍出版)の後記によれば、大規模に編纂された乾隆53年刊行『杞県志』以降、4回の修志が行われたがいずれも完成できなかった。本志は10余年の歳月と10回の改稿を経て上梓されたという。李岩はその県志第34篇人物内で、杞県における歴史的人物の一人としてあげられ、短文であるが天啓7年(1627)の挙人で郷紳の子弟として生まれ義侠心に厚く、飢饉にあたり施しを良くし人々が李公子と尊称したの如くで始まり、以下三部小説・『明季北略』・『綏寇紀略』・『明史』等の内容が略記される。欒星（河南社会科学院）の期待した李岩は烏有先生説と杞県の人説の両論併記ではなく、明確に李岩は杞県に実在したとする説が採用されている。大変興味深いのは『杞県志』編纂委員や編纂事務室関係幹部に、先に紹介した李岩杞県の人説を主張した邢樹恩、杜宝田、張鶴峰等の名が見られることである。この他鄭州大学に所属して長期間にわたり李自成の乱を研究した王興亜も、以下で紹介するように李岩問題に独自の見解を発表し続けている。なお2005年に『杞県志』続修が出版される予定であったが、現段階で未だ完成していないようである。

b．範沛濰・李肖勝の主張と秦新林の反論

李肖勝は一族に伝わる『李氏族譜』を分析し1985年、指導教官の**範沛濰**との共同論文（『史学月刊』6）で、翌年単独で論文（『河南大学学報』1）を発表した。様々な歴史的経過の中で残った残本と手抄本の考証の結果、この続修『李氏族譜』が作られたのは16世を数えた乾隆10年（1745）頃とした。祖先は洪武時期に命を受けて山西洪洞県から移住し、李氏6世頃から科挙合格者を輩出し名門望族となり、特に黄金時期といわれる八世の時期には李際春（嘉靖35〈1556〉年進士、通政使司通政使）、李茂春（万暦8年〈1580〉進士、山西布政使司左参政）の如き高官を生んだ。

この族譜の4門11世李登雲名下の12世に、李岩と叔伯兄弟の李沐の名が見出される。族譜の11・12・13各世は明末の李自成が杞県にも侵出した時期にあたり、「絶後」「失名」「逃亡」等で族譜上にその名の記載がない不明の人物が30余人いる。又崇禎15年（1642）、開封への三次攻撃中の李自成軍は西肥寨の北5里にある青龍岡に駐屯した際、軍内のある人の忠告を無視して青龍岡を攻撃し、西肥寨の有力者で防衛責任者秦夢熊（万暦22年〈1594〉挙人、戸部江西清吏司郎中、魏忠賢を避け帰郷）を殺害した。この事件以降、同地では親しかった秦氏と李氏の婚姻関係は絶えた。

こうした史実を勘案して李肖勝は、『李氏族譜』の李岩家は富豪の郷紳で史書が伝える「粟数千石を出し荒を賑わ」し、知県にも税糧徴収を一時停止させ、賑済を有力者に呼びかけができる存在と考える。又李自成に西肥寨攻撃を止めるよう忠告できるのは杞県の李岩である可能性も多く、族譜上の不明の30余の人物もこの時期に李自成軍に参

加したのではないかという。さらに叔伯兄弟の李沐は、史書のいう李岩とともに李自成軍に参加した兄弟の李牟という。この族譜の検討から、史書の李岩と『李氏族譜』の李岩が客観的に一致するのではないかと推論する。

顧誠の後継者として李岩烏有先生説を主張する安陽師範学院教授秦新林は、杞県『李氏族譜』を分析した李肖勝の推論を否定する。まず李岩家を富豪郷紳とするが、親族の範囲を超えた5服外にある李岩が富豪であることの証明がなく、科挙との関連でも秀才なのか挙人なのかさえ全く不明である。族譜上の明末の30余人の不明者を李自成軍に参加したとしているがこれも証明がなく、むしろ多くが流亡した可能性も考えられ、立論の実証不足を指摘する。

c．張鶴峰の主張と秦新林の反論

1986年張鶴峰は、欒星が邢樹恩等を批判し李岩烏有先生と主張した『中州今古』論文を批判し、自身の見解を述べた（張鶴峰、1986）。杞県で掘り起こされた李岩に関する伝承を拠るべき氏族文献の証明もなく一顧だに値しないと斥けた欒星に対し、短文ではあるが彼も李肖勝の使用した乾隆初年続修の杞県『李氏族譜』を使用し李岩が杞県人であることを主張するとともに、睢州李康河村の長老の話を紹介する。彼らの先祖の李康侯は李岩の子孫といい李岩が李自成軍に加わったため、杞県城東門里にあった李氏は一家が滅ぼされることになったが官兵による財産差押えの際、長年仕えた使用人の手引きで李岩の母親と彼の後裔である李康侯とが脱出に成功し、後河南帰徳府属の睢州李康河村に定住した。1960年編纂の『杞県志稿』（編纂責任者孟昭朴は清末

の杞県抜貢）内では、李岩のもともとの住居は城東門内としている。杞県城東門里の娶公廟は李岩家が寄付した土地と言い伝えられ、乾隆時代になっても縁日（「廟会」）の際、睢州の李氏が人を派遣し娶公廟の地代（「地皮銭」）を徴収したという。李自成軍に殺害された秦夢熊事件により李氏と秦氏の通婚関係の断たれた史実は先に紹介したが、李自成の攻撃でこの地の多くの人が黄河北岸に避難しており（康煕22年編纂杞県『秦氏族譜』）、李岩の子孫にもあてはまる。

　さらに次の伝承も紹介する。鄭州市東興屯の盧志家伝の祖訓中に、六世の盧応奎は李岩による李自成軍参加の勧めを断ったにもかかわらず、崇禎14年（1641）李自成軍が鄭州攻撃の際、李岩は盧家を保護した。以後、杞県の李公子（李岩）は盧家の恩人として伝承されたという。張鶴峰は族譜、杞県志を中心とした地方志、父老の言い伝え等から李岩は杞県の人という。

　なお張鶴峰は乾隆53年編纂の『杞県志』巻23芸文に、李精白とともに奄党とされた孟紹虞「白繪行並序」が収められているが、その中に記されている杞県城を襲おうとして失敗した土賊の領袖は李岩と考えており、通常李岩実在説では李岩の反乱は崇禎13年（1640）末とするが、張の場合は李岩の反乱参加時期を崇禎11年（1638）と早めている。

　秦新林は李氏族譜を用いた李肖勝を批判した同じ論文（1996）内で、この張鶴峰論文も批判する。杞県『李氏族譜』内の李岩を明末の人とする推論への批判についてはすでに紹介した。次に以下のような疑問を呈する。杞県を脱出して睢州李康河村に定住したという李康侯なる人物は、李岩のいかなる子孫なのか、その母とは李岩の妻子なのか。史書の李岩伝とは符合しにくい点が多い。ユダヤ人の子孫と伝えられ、

開封府の附郭、祥符県出身で開封城を守るため李自成軍と戦った李光璧は字が康侯というが、こちらとの関連を検討する必要を提起する。

又李岩が崇禎11年（1638）に李自成軍でなく一土賊に参加したとなると、史書上の李岩は獄中におり、さらに史書の伝承では反乱参加の際杞県知県を殺害したといわれるが、この11年の白蓮教の杞県城攻撃は当時の知県蘇京に徹底的に弾圧され失敗しており、蘇京はその後も流賊と戦っているので史実上問題点が多い。李肖勝も張鶴峰も同様に疑問を呈さなかったが、杞県『李氏族譜』では李岩と記すが、そもそもこの名は李自成軍に参加した際李自成から与えられたもので、なぜ族譜上に本名の李信と表記しないのか。以上のような論点から杞県の『李氏族譜』の李岩は伝承上の李岩とは別人であり、伝承上の李岩は烏有先生であると批判する。

（2）李岩は徐州府碭山県の人　　蔣祖縁の主張

蔣祖縁は1984年論文「李岩不是"子虚烏有"的人物」（『東岳論叢』1984-6）を書き、杞県に李岩なる人物の存在を証明できないからとして、明末の流賊ないしは農民反乱中に李岩が存在しなかったと断定するのは無理とする。蔣は王春瑜による『樵史通俗演義』研究の見解に賛同し、同書を正史の闕を補うものとして高い評価を与える。従来の李公子＝李岩を伝えた資料を再吟味し、李岩事跡の江南への流伝は反乱最高潮時期、崇禎13年（1640）末ごろからであるとする。呉偉業『綏寇紀略』に李岩に関する特徴的な記事が残されたのは、彼自身が崇禎9年（1636）、湖広郷試の正主考として宋玫（山東莱陽の人、崇禎元～3杞県知県）、龔鼎孳（合肥の人）と共に騒乱中の河北・河南を経過

し武昌に至った経験と、洛陽の知人からの情報を背景としていると想定する。

　問題の李岩の戸籍が杞県とすることの証明の難しさを認めたうえで、蔣は杞県籍にこだわる必要がないとし、李岩に該当する人物として河南帰徳府に隣接する南直隷（清代の江蘇省）徐州府属碭山県の李挙人を掲げる。その根拠は崇禎10年（1637）10月、山東巡按洪啓遵の上奏中に同年9月、流賊の一派と戦った現地武将の報告、「18日三更（鼓）、李家集を囲困し、碭山に至ること30里、李挙人を虜出す」（「兵科抄出山東巡按洪啓遵題本」『明清史料』乙・九）という記事に基づき、李家集から李挙人の家族を、碭山県城の獄中から捕らえられていた李挙人自身を共に作戦通り救出したと解釈する。従来三部小説系統では李岩が李自成軍に参加したのは崇禎13年（1640）末、杞県の農民が知県を殺害し李岩を獄より救出した後、初めて彼が流賊と関係を持ったとされてきた。その際殺された知県名は不明であったが、三部小説の中で最も評価が高い『樵史通俗演義』（29回）が初めて宋某と記し、『明季北略』（巻13）の転載により広まった。しかし殺害された知県が宋姓とすると、宋姓の杞県知県は在任期間が崇禎元年から3年までの宋玫のみであり、さらに13年（1640）の在任知県は蘇京であるので伝えられる人物と一致しない。

　蔣の研究では碭山県の当時の知県は宋坤（任期は崇禎8～10ないしは11年）で流賊との対応に追われている。蔣は『明季北略』巻23（『定鼎奇聞』を転載）の内容、つまり崇禎8年（1635）7月、知県にしばらく税糧徴収を免除するよう提言し、農民救済の勧賑歌を創ったのが原因で碭山県知県により投獄され、10年（1637）9月脱獄に成功しすぐに

土賊の一集団に参加し参謀となった。そして13年（1640）末14年初めにかけて河南府宜陽県を李自成軍が陥落させる直前に、この地で饗応した一土賊中に李岩がおり、そのまま李自成の参謀となったと解釈する。李岩碭山県の人で、杞県の李岩説の弱点を補おうとした新説であるが、さらなる史料上の検証が必要であろう。

（3）歴史上の人知県李岩の事跡が、伝承上の李岩像に投影
　　戴福士の主張

これまでの李岩論争とは異なった独自の視点から、表題の如き研究を発表したニューヨーク州立大学バッファロー校教授 ROGER V. DES FORGES（中国名、戴福士）の見解を紹介する。彼は1982年に以下でのべる見解を公表し、中国側研究者と李岩問題に関する討論を経て85年、作成した中文論文を黄山で開催された明史学術討論会に提出した（「李岩故事由来与明清之際政権的替」『中華文史論叢』第二集、1986）。さらに彼は李岩問題研究を発展させて、2003年、明終末期の北東河南を題材とし、中国史上文化の中心と政治変動における河南東北部が占める重要性を指摘しつつ、明代史を通観の上、明末の反乱期を詳述するという大著を著わした。本節での紹介は、主に『中華文史論叢』の論文に基づく。

結論からいえば李岩は"子虚烏有の人"でなく、李自成との関係は間接的ながら歴史上の人物という。彼のいう李岩は山東登州府萊陽県出身で崇禎6年（1633）挙人、崇禎10年（1637）進士に合格後、同11年から北直隷の曲周県（清の河北省広平府）知県、続いて同13年（1640）より北直隷滑県（清の河南省衛輝府）知県に就任し、その地で郷兵を組

織、飢民の救済と疫病の根絶に尽力し、強者の不当な搾取を抑えた。曲周県時期には南進した清軍に備えその入城を阻止し、滑県時期には河南出身の流賊袁時中の侵入に対し明軍と協力してこれを撃退している。明終末の混乱した時期に地域の防衛と県政に著しい成果をあげたため、地方紳士は彼を「李公岩」と尊称した。崇禎15年（1642）刑部主事に昇進し北京に戻るも、すぐに李自成等の流賊の攻勢で危機に陥った開封防衛を担うために出仕し、飢民を救済する機会があったがその官職は明確でなく、開封知府（康熙『開封府志』巻20）とも開封・帰徳・河南三府等按察司副使ともいわれるが、史料上でこの時期の李岩の活動が不明な部分が多い（著書2003、p.284）。崇禎16年（1643）、清軍が李岩の故郷、山東莱陽県にも侵入した際、彼の父李再白が殺されるが、この事件後も李岩が開封に留まったのか、それとも喪に服するため帰郷したのかを判断しにくいのは、崇禎16年から明滅亡前後における李岩の莱陽県での活動記録が見られないためである。なお彼は清朝成立後に隠退し、郷里での生活を楽しんだと伝えられる。

　伝承上の河南杞県の李岩と歴史上の山東莱陽県の李岩との関連について、次のように述べる。崇禎15年（1642）以降、河南から山東に去ったと思われる歴史上の李岩の活動記録が曖昧な時期であるが、流賊からその性格を変化させつつあった李自成軍も河南から湖北に去った時期と重なる。戴福士はこのため李岩の治績を慕う多くの人々が、李岩が李自成に従って一緒に去ったか、或いは李岩と李自成は同一人と考える状況が生じたという。

　それでは伝承上の李岩はどのように生じたのであろうか。戴福士は山東の李岩を除き、伝承上の李岩の来源となる歴史上の人物は陝西の

李自成のみという。ではどのようにして伝承上の李岩が創造されたと考えるのであろうか。伝承上の李自成の謀主として描かれる李岩事蹟は、挙人出身で最初に李自成軍に参加したと確認される牛金星と軍師宋献策の言動、特に牛金星の役割の内容と同一であるという。ではなぜ李公子を李自成といわず、伝承上の李岩なる人物を合成する必要があったのであろうか。李岩伝説の出現は1642年から1643年頃という。李自成軍の性格変化は河南東北部を舞台としたが、この地域の老百姓と紳士層及び清廉な官僚は、明朝に変わる新王朝を樹立したいという願望が強く、一方では李自成軍側では大順政権を樹立・発展させるために、李自成と牛金星が彼ら知識人の支持・協力を重視したので、そのための必要性から合成・創作された人物が李岩である。誰が主導したかは不明だが、李自成と牛金星と考えるのもその選択肢の一つという。河南で李自成に投降した者は多いが、この地域出身で進士出身の著名な大官も大順政権に参加した。河南信陽県進士何瑞徴は大順政権弘文院学士・礼政府侍郎となり、復社成員方以智を推薦し、又河南孟県進士薛所蘊は明の原官である翰林院検討・国子監司業に就任し宋献策の保護を受けた。その意思がありながら大順政権に採用されなかった河南新郷県進士張縉彦は、崇禎17年（1644）、明の兵部尚書にありながら北京城の彰義門を開き李自成軍を入城させた。特にこの三人の事蹟は李岩故事に合成されたという。

　1644年から1645年にかけては、明の滅亡・清の華北統一・弘光政権の樹立と滅亡・大順政権の衰退という政治的激動期に当たる。この数年間に発生したいくつかの李岩伝説が従来の李岩伝承に合流して連続する故事となり、河南東部の地域やある立場の人々にとりこれらの故

事の利用が重要性を増した。というのは大順政権には東林と復社人士も投降ないしは大順官となった者も複数存在し、清初・南明時期においてはこれらの事実を隠しごまかすために、大順官となった者はかつて奄党の人であったことを強調する必要があった。これらの意図を具体化したのは、『明季北略』・『明季南略』の著者計六奇と『綏寇紀略』の著者呉偉業等である。首輔を経験した万暦41年（1613）状元の周延儒と同年進士で魏忠賢にくみし奄党とされた孟紹虞（河南杞県の人）・李精白を攻撃することで、周延儒の東林・復社にも連なる門生（張縉彦・楊士聡・侯恂）と大順政権とのつながりがあった事実を覆い隠そうとした。ちなみに張縉彦については前述した。楊士聡は山東済寧の人、崇禎4年（1631）の進士で左諭徳に昇進後、李自成軍に捕らえられるも彼の門人で既に清に投降していた方大猷（崇禎10年進士）の援助で南に逃れた。河南商邱県の人侯恂（万暦44年、1616年進士）は北京で二度目の投獄中であったが、李自成により釈放された。さらにこのような伝承上の李岩がいれば、李自成軍と関係が深かった河南東北部の薛所蘊・何瑞徴、宋権（明・大順・清の順天府巡撫を経験した商邱県の人）や復社の名流周鐘（江蘇金壇県の人）等の大順政権下での活動事実をも、後景に退かせることができた。

　戴福士は同様の論法で『杞県志』の編纂についても以下のように述べる。先に本章2C論争（3）で『杞県志』の「李公子弁」をめぐり、李岩杞県の人説をとる邢樹恩等と李岩烏有の人説を主張する欒星の議論を見た。その際順治、康熙両『杞県志』の編纂権と杞県の望族孟・李・侯三姓の関連に関しての論争があった。戴福士は「李公子弁」が書かれ、『杞県志』に掲載されたことにつき新見解を述べる。結論的

にいうと、康熙志纂修の何彝光等は、彼の兄・何印光（崇禎12年挙人、同16年進士）の事績を隠蔽するために「李公子弁」を書いたという。この事績とは　開封が李自成の長期にわたり包囲攻撃された際、何印光は当時の杞県知県呂翕如に杞県を放棄して開封防衛に合流するよう提言した一人で、その結果杞県は流賊袁時中や李自成に占拠されるという結果を生む事になった。さらに彼が進士となって北京にいた時に李自成に降っている。「李公子弁」が書かれた来源を明確にしないまま李岩故事を否定し、又『樵史通俗演義』のいう乙卯（万暦43年、1615年）挙人の李岩は存在せず、当年の挙人合格者は劉詔のみと強調することで同書を批判し、杞県の挙人で流賊に参加したのが何印光である等の彼の事跡を隠蔽しようとした。その他「李公子弁」では明末に杞県には「部属者はいない」と六部関係者に出世した者はいないと強弁するが、実は奄党とされた尚書孟紹虞がおり、孟氏父子のためにもその事実を隠蔽しようとした。ところが乾隆53年（1788）刊行の『杞県志』になると編纂は孟氏の子孫が中心で、何印光の後裔は誰もからんでいない。そのため何印光伝では彼は乙卯（1615）の唯一の挙人と明記され、そのため杞県の挙人で流賊に参加した唯一の挙人ということを公にした。又尚書孟紹虞と奄党問題に関して一切言及がないのも、孟氏に話が及ぶのを避けようとしたと解釈した。

　戴福士の李岩問題への見解は歴史上の李岩は存在したが、伝承上の李岩像は歴史上の李岩の行動の史料が曖昧な時期と李自成が河南から湖北に去った崇禎15年（1642）頃から創作が開始され、その像の創造に李自成自身と牛金星等もからみ、河南東北部の紳士や地域がからんだ。さらに大順政権に関連し従逆者の疑いをもたれた東林党系・復社

五　中華人民共和国における李岩論争　　　　　　　　　179

人士の事績を隠蔽する問題も含めて、伝承上の李岩像はその有用さも手伝ってますます盛んに展開されたという。戴福士は伝承上の李岩は存在せずその人物像は李自成であり、伝承李岩の言動は牛金星を主とし宋献策等がモデルとなっているという。ただ李岩烏有先生説をとる立場と一部重なるものの、「李公子弁」や『豫変紀略』の評価については、その内容や作者の意図につき客観的な評価を行い興味深い内容が多い。河南東北部と大順政権の関連が深いことは確かであるが、初期大順政権は筆者もかつて研究したように湖北との関連も深い（佐藤1985一章）。そうした内容も考慮する必要があろう。

　歴史上の山東莱陽県李岩の事跡が伝承上の李岩像を創り出したと考え、李岩論争のあらゆる素材に批判的にきりこんだ新説であるが、両者の李岩の関連が内在的に不明確の上に多種の議論に検討を加えるものの、史料の不足から推測が多くなり理解するのに困難な点も多々生ずる。なお中国側の戴福士への評価、例えば陳生璽（1988、本著五２Ａ（１））はその着想と論証から参考になる内容は多いが、進士の山東李岩を創作された伝承上では諸生や挙人と表記すること等の多くの理由から、農民軍の李岩が山東李岩の仮託とは考えにくく、やはり同姓同名からきた連想で、いかなる直接・間接の関係はないのではないかとしており、中国側研究者の代表的見解と思われる。

（４）李岩、懐慶府博愛（河内）県の人　　王興亜等の主張

　顧誠が李岩の歴史的存在を全面否定する論文を発表した1978年、鄭州大学教授の王興亜は李岩の存在の有無を問題にする場合、もしその存在を主張するためにはその本籍・家柄・出身・経歴を明らかにする

研究が必要と提起した (『鄭州大学学報』1978-3)。以後研究を続け、その成果を1984年の著書第五章内に「李岩考弁」として纏めている。彼は一般的に信じられている李岩が杞県の挙人で尚書李精白の子という説は根拠がないとし、又李岩が杞県での飢饉にあたり農民の賑済をめぐる対立から、李自成軍に参加するという事跡も証明できないという。しかし李岩その人が存在しなかったとする説に異論を唱える。陳生璽等と同様、北京占領時期に活躍する李自成軍首脳部の中に李岩の名が見出されるという。顧誠等が全面否定する根拠は、李岩という人物は反動的作家により『新編勧闈通俗小説』内で創作された架空の人物であると断定したが、王興亜はこの小説出版以前の、崇禎16年 (1643) 春夏時期の明朝塘報内に、或いは17年3月、明朝官衙で大順軍と直接接触した趙士錦が回顧録『甲申紀事』等で記した如く、複数の知識人の記録にその名が記載され、さらに清代河南地方志中、順治16年修『郊県志』にも李岩の参加を伝えている事実を挙げる。王興亜はこの論文で、李岩は杞県人でも李精白の子でもないがその存在は確実とし、彼の本籍・出身等の事実関係を明らかにし全体像の真実をつかむ必要を強調した。

　なお王興亜は同書265頁の本文とその脚注で、20世紀後半、李岩杞県の人説を唱導した李小白から1978年に連絡を受け、伝えられる杞県内の李岩事跡を一緒に訪問、調査したが、この時点では伝えられる物証は存在せず、事実関係も確定できなかったという。その内容とは李岩の最初の居住地圉鎮と引越し先といわれる県城東街小東門北、李家の門に掲げられた「十世科甲」と書かれた大額、李岩の後代が保有した赤い袍服を着た李岩像等である。また杞県には李姓は存在するもの

の、伝えられる李岩後代の李姓を証明する材料をみつけられなかったという。王興亜はこうした杞県に伝わる李岩伝承は、郭沫若『甲申三百年祭』とこれを基に政治的要請から劇化のために脚本化された『九宮山』・『闖王進京』・『小蒼山』に描かれた文物と内容が、史実に擬されて伝承されたのではないかと推定する。

　王興亜は康熙55年（1716）続修、河南懐慶府博愛県（現在の河内県）唐村の『李氏族譜』（李氏十世孫の歳貢、李元善による編纂）手抄本を見る機会を得、先の疑念を解決する手段として2005年、王光亜・馬懐雲『中原文物』と王光亜・李立炳『中州学刊』の共同論文二編を発表した。その後この族譜に関連する現地調査と研究会通して、その成果が王興亜を始めとした研究者により公にされた。例えば王興亜（2007、2008）、程峰（2007）、魏美智（2009）等である。研究者が見ることができた『李氏族譜』は康熙年間の稿本そのものではなく後代の子孫による抄本（現在見ることができる一番早いものは、清道光年間）であるが、この族譜は信用できるとの共通認識に立っている。以下王興亜の研究を中心に内容を紹介してみたい。

　この族譜によると唐村李氏は洪武４年（1371）山西洪洞県鳳凰村から遷移したと伝えられ、人口増加により八世輩から東西南北の四院に分かれた。明末清初の流賊李自成に関連する問題の人物は九輩・十輩に属する。続修族譜の編纂にあたり当時の族長が李氏一族にとって不名誉だが今後の戒めとするとして、宗族に対する教訓内で以下の事実が言及された。それによると唐村李氏は開祖以来、遺訓に基づき子孫は文武に励み、時局に応じ正道を歩んできた。ところが

　　明末、吾族門九世李公諱仲、諱信、諱牟、諱棟、諱友、皆誘われ

李公子関連事項

番号	行政区画(明代)	呼　　称	出　　典
①	河北省北京(北直隷)	李公子＝李岩 李公子＝李自成	『新編勦闖通俗小説』 『華夷変態』
②	河北省天津(北直隷)	李公子	趙士錦『甲申紀事』
③	河南省滑県(北直隷大名府)	知県李岩	『滑県志』
④	河北省曲周県(北直隷広平府)	知県李岩	『曲周県志』
⑤	山西省平陽府(山西平陽府)	李公子＝李岩	『国榷』
⑥	河南省河内県(河南懐慶府)	李信(字、岩)	河内県唐村『李氏族譜』
⑦	河南省開封府杞県(河南開封府)	李信(李岩…李自成から与えられた名)	『綏寇紀略』
⑧	河南省開封府(河南開封府)	李岩烏有先生 紅娘子	康熙『杞県志』 山歌(大木論文、1989)
⑨	河南省河南府孟津県(河南河南府)	李公子	豫西の伝承(欒星採取)
⑩	河南省南陽府郟県(河南南陽府)	李公子＝李岩	康熙『郟県志』
⑪	湖北省襄陽府(湖広襄陽府)	李公子＝李岩	王承曾「苦界還生記」(但し見聞は北京の状況)
⑫	江蘇省徐州府碭山県(南直隷徐州)	李挙人	『明清史料』乙編
⑬	安徽省潁州〈阜陽県〉(南直隷鳳陽府)	李公子＝李栩	順治『潁州志』
⑭	江蘇省通州(南直隷揚州)	紅娘子	山歌(大木論文、1989)
⑮	江蘇省常州府(南直隷常州府)	李公子＝李岩	『新編勦闖通俗小説』
⑯	江蘇省常州府無錫県(南直隷常州府)	李公子＝李岩	『明季北略』
⑰	江蘇省崇明県(南直隷揚州太倉州)	紅娘子	山歌(大木論文、1989)
⑱	浙江省嘉興府(浙江嘉興府)	李公子＝李岩	『新編勦闖通俗小説』
⑲	福建省福州府(福建福州府)	李公子＝李自成	『華夷変態』
⑳	日本、長崎	李公子＝李自成 李公子＝李岩	『華夷変態』 『新編勦闖通俗小説』

五 中華人民共和国における李岩論争

李公子関連地図

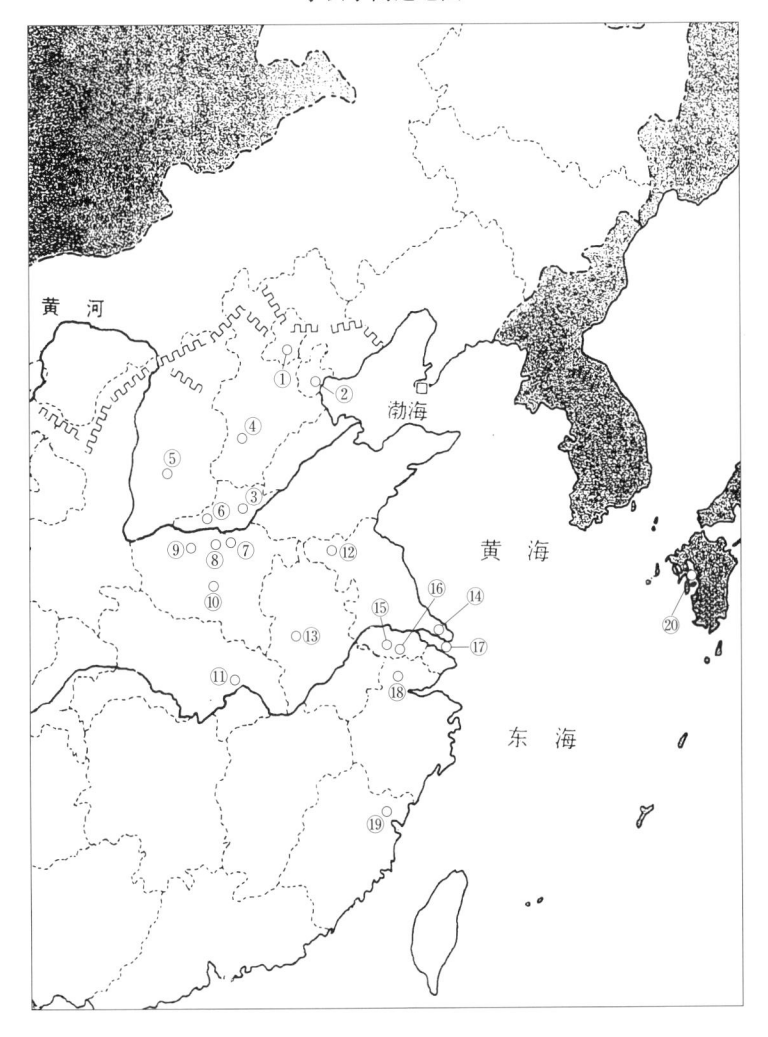

て闖賊に入り、謀主は数将、族裔誠に之を祀り、事うる所あるも
　　談ずるを避け、籍譜は伝揚する勿れ。

の如く、唐村李氏の九世の代から北院の李仲（字峰、号仲元、化名大亮。万暦26〜康熙28）と李信（字岩、名威。万暦34〜崇禎17）、西院の李牟（字沐。万暦37〜崇禎17）、南院の李開（字佑、号友。万暦29〜？）、所属院が不明の李棟（字洋。？〜崇禎17）の５名もの参加者が出、その内数名が李自成の側近として活動したという不名誉な事跡を残してしまった。以後彼らを祀るも、その事跡を口外するを避け、族譜は一族以外に談じてはならないと。なおこの他に十世の代からも西院の李懐仁（万暦45〜崇禎17）・李懐禎（万暦44〜崇禎13）、南院の李懐琛（万暦29〜？）・李懐典（万暦27〜崇禎15）・李懐理（万暦29〜崇禎13）の５名（魏美智発表稿、2009）も含めると、唐村李氏から10名に及ぶ人間が流賊・李自成の乱に参加したことを確認できる。

　唐村の李氏一族は「文武双修」と言われるごとく、科挙試への準備と拳法の修練に重点を置く伝統を有していた。最も早く李自成軍に加わったのは西院の李牟であった。彼は崇禎７年（1634）、県学の学生（庠生）である父、李目奇が山西・陝西に拳法を伝える旅に同道したが、まもなく経緯は不明であるが李自成軍に誘われ、以後側近の将軍として重要視された。北院の八輩の当主、貢生の李春茂には四人の子がいた。長男李倫は原武県学貢生から陝西鳳翔県知県となり、三男李俊も修武県学貢生から浙江僉事に任じられた。問題は次男の貢生李仲（字峰、号大亮）と四男の貢生李信（字岩）である。彼らが崇禎13年（1640）、堂弟（従弟）の李牟に誘われて李自成軍へ参加したが、彼らの側にも以下の如き切羽詰まった事情が生じていた。

五　中華人民共和国における李岩論争

　李信は兄李仲及び従兄弟の関係にある懐慶府温県陳溝の陳奏庭と共に、唐村千載寺で太極門の門弟となり師を拝して兄弟分の契りを結んでいた。後、彼らは太極拳養生功（太極拳養生功十三勢通臂功）の共同創始者となったという。その仲間の一人陳奏庭が崇禎9年（1636）、河南の武挙試を受験した際、的を外した（「脱靶」）と箭射試の結果を虚偽報告した考官（「報靶官」）に対し、李信・李仲兄弟や当事者の陳奏庭が考官を襲い殺害する事件に発展した。この結果李信と李仲は共に貢生の資格を取り消され、さらに二人は官府の追捕を避けるため杞県の叔母の家に逃げた。その叔母の夫は、二人の父李春茂の弟李春玉で、彼らの叔父にあたる。李春玉は庠生の資格を有し字を精白といい、杞県で穀物油問屋（「糧油行」）を営んでいた。李信はいずれ子供のいない李春玉の後継者となる予定であったので、この糧行で帳簿付けを掌っていた。ところが荒年の飢饉にあたり、「賑謡を造り、石粟危く、糧行破れ、千載寺に入り再び拳す」の如く、年代と内容の詳細が不明であるが飢饉にあたり李信は杞県での賑済を主張したこと、穀物の不足と値段の高騰で穀物油問屋が倒産して、再び博愛県唐村に帰り千載寺で拳法の修行に入った。

　崇禎13年（1640）、すでに李自成軍の将であった西院の堂弟李牟は、同じ九輩世代である東院の堂兄李開（号友）と北院の堂兄李仲（字峰、号大用）・李信（字岩）を李自成軍に勧誘し参加させた。李自成軍に参加した後の唐村李氏九輩・十輩世代の活動状況は、当然族譜には記載されていないので不明である。ただ族譜には明滅亡とこの九輩四人の動向について簡単な記載があって、李牟と李信（岩）は冤罪により李自成軍中で殺され（「冤殺」）、李開（友）は生死不明、李仲（大亮）は

李自成軍を離れ浙江僉事の任にある弟李俊の居所に赴きそこで拳法を教え生活の糧にした。以上が唐村李氏族譜を分析した王興亜等の論文の概略である。

　一般に伝承された李岩との異同は如何であろうか。王興亜は2008年の論文で現段階におけるこの問題の総括をおこなっている。この唐村『李氏族譜』には唐村李氏から李自成軍に参加した史実を明言し、さらに記された実名が、伝承上の李姓将軍、李岩（李信）・李牟・李友等五名と一致する。伝えられる李岩はもとの名は李信で、李自成軍参加直後に李自成から与えられた岩に改名したといわれているが、この族譜では本名李信、字が岩で、李自成が岩と命名したとする伝承とは関係ない。『李氏族譜』上の李岩は逃亡先の杞県で、叔父の穀物問屋の経理を掌っていた。崇禎10年（1637）前後の華北は連年の飢饉で、杞県もその例に洩れなかった。詳細は不明であるが、彼は「賑謡を造った」という。王興亜はこの短い文言を次のように解釈する。杞県の飢民の切迫した声を受けて、官府と富戸に粟を出して賑済するよう訴えた。これがため貧苦農民の称賛を得たとし、この部分は伝承上の内容と一致するという。しかし族譜上の李岩の行動が、官府と正面衝突したか否か、その結果として民衆を誘発して彼らが官府を襲い、地元の富戸を搶掠したかどうかは不明とする。但し族譜上の李岩は、伝承上の李岩が杞県の官府に捉えられ入獄したため、杞県の農民や紅娘子が官府を襲い彼を脱獄させ、以後杞県民衆の首領となり李自成軍に参加したという内容とは無関係と全面否定する。さらに伝承では、なぜ博愛県唐村の李岩を杞県の人と誤認したのであろうか。王興亜は伝承が、杞県に「流遇」した彼を、杞県の「籍貫」と混同したためと解釈した。

又、伝承では父親の名は李精白であるが、この族譜上での精白は李信の父親の弟、彼にとっての叔父李春玉の字である。李信は子供のいない叔父の養子に入り後継者となる予定であった。伝承では李牟は李信の弟で、崇禎13年（1640）末に李信とともに李自成軍に参加したといわれるが、この族譜では二人は直接の兄弟でなく、李牟は李氏西院に李信は東院に各々属し、李牟は李岩の堂弟にあたる。そして李牟が崇禎7年（1634）、先に李自成軍に参加し、13年末に李氏九輩属の東院の李開（号友）、北院の李仲と李信等を勧誘し参加させた。伝承では李岩と李牟兄弟が呉三桂・清連合軍に追われ北京から撤退の途中、故郷の河南で李自成の大順地方政権を回復するため軍の貸与を願いでたが、李自成軍からの離脱と邪推した牛金星と李自成に殺害されるという内容であったが、唐村の李信（岩）と李牟も崇禎17年（1644）「冤殺」と族譜に記載されている。詳細は不明であるが、冤罪で殺害されている点は共通であり興味がそそられる。族譜の簡略な記載であるが、今後さらなる肉付けが期待される。

　王興亜は同論文の〈余論〉で、唐村『李氏族譜』内で李自成軍参加者について記された簡略な記述は、歴史的真実を伝えた貴重な内容であるという。その理由は歴史的同時体験または目撃者の親族が伝えた口述を記述したからである。康熙『李氏族譜』編纂者の李元善は父親が李仲である。李仲は弟の李岩と共に李自成軍に参加し、崇禎17年（1644）、李岩・李牟が「冤殺」された際、李自成軍を脱し浙江僉事であった弟の李俊のもとに身を寄せ、後帰郷し康熙28年（1689）に死去している。まさに歴史の生き証人の一人である。崇禎15年（1642）生まれの李元善自身も各地に拳法を伝える父親と行動を共にし、父親及

び親族から直接情報を得ており、さらに当時子供のいない状況で死去した李岩（李信）の継承人となって「奉祀」を司る立場にあった。その他李自成軍に直接参加した西院の李牟一族、南院の李開一族、直接参加しないものの同時期を生きた李岩の兄弟、李俊・李倫とその一族等、関係者が多い。

　江南に伝わった李岩伝承が李岩烏有先生説をとる論者から、『新編勦闖通俗小説』が創り出した虚構の人物が他の三部小説を通して伝承されたとか、正確な華北の史実が不明のまま出鱈目な内容で伝わった等といわれる点につき、王興亜は唐村の『李氏族譜』の分析から次の如き推論をする。江南に伝わり作家が入手した李岩伝承の来源は、北方から南方に逃れた官僚の話や邸報・著述の他に、李自成軍から難を逃れた李仲（李信の兄、李春玉の二男）とその子供たち及び死亡した李牟の子・李懐功は、浙江僉事の任にあった李俊（李春玉の三男）を頼り浙江の彼の邸宅に寄宿し、拳法の修行とその伝播を担当し、福建の福州を含め広く江南に大極拳を広めた。こうした過程で、李岩の真実も語られ広がったと推論する。唐村の李氏は文武に秀でた人々を輩出し、特に明末に創出したその拳法は大極拳源流に関連するとして、王興亜は別の専論を発表している（王興亜・李立炳、2005）。

　以上、唐村『李氏族譜』の検討から得られた王興亜等の現段階での結論は、李自成軍主要将軍の一人、李岩は烏有先生ではなく確実に存在した。彼は伝承上の河南杞県の人ではなくその出身と郷里は河南省博愛県唐村である。

　話は横道にそれるが李岩と武の世界について、著名な武侠小説家、

金庸の『碧血剣』（1956年から『新晩報』上で連載開始、1972年著書、翻訳2001）にも登場する。小説内には多くの武の流派が登場し、その中の有力な華山派が李自成軍を支援する構成をとる。袁承志（袁崇煥の遺児）が華山派の絶技と金蛇郎君の金蛇秘笈（浙江石樑派と不倶戴天の敵の技）を習得し、やがて七省の総盟主となる。闖王李自成はこの袁承志を高く買っていた。その袁承志が用事で闖王を訪ねた際、彼を接待したのが李自成軍に参加した李岩であった。李岩は袁の父親、もともと袁崇煥を尊敬し、袁承志は武術以外の外部のことに疎かったので、話しあっているうちに李岩の識見と人格を尊敬するようになり、二人は義兄弟となる。その後李自成軍は明の孫伝庭軍を粉砕し、明を最終的に倒すために各地の群雄を李自成の下に結集させるため、河北に李岩を派遣する。しかし李岩情報をいち早く察知した錦衣衛は、刺客を送って李岩等を襲撃させた。この危機を救ったのが袁承志等であった。袁は群雄を結集して李自成に協力することを約束する。

　北京進駐後李自成は禁欲的でなく、呉三桂の愛妾・陳円円を奪い部下の乱暴狼藉も放置、劉宗敏・牛金星は李岩が謀略を企む者として排除しようとする。呉三桂・清連合軍に敗退して西安に撤退後、権将軍劉宗敏から逆賊とされた李岩のため、妻の紅娘子は華山で開催された華山派の集会に参加していた袁承志に助けを求めにやってくる。彼らが西安城に駆けつけた時、李自成軍と対峙していた李岩軍の軍中にいた李岩と対面する。彼らの眼前で万策つきた軍装の李岩は自害し、それを見た紅娘子も自害する。袁承志等も茫然自失のまま、事態を黙視するほかなかった。史実・伝承とはやや異なる創作の世界であるとはいえ、王興亜論文の文武双修の伝統のある李氏一族の内、九輩に属す

る李自成軍に参加し最後に殺害された李友・李岩等の世界を彷彿させる。

おわりに

　本著は『李岩の謎』ではなく、『李公子の謎』と題した。欒星の著書と同一題名となるをこと避ける意味の他、李岩なる人物の伝承には明末に生きた民衆の熱い期待が「李公子」の呼称に籠められ、後世に伝承された。その伝承は政治・文学・演劇・歌謡等広い分野で語られることになった。歴史的真実は何か、李岩なる人物は烏有先生か否か、を明らかにすることは最も大事であるが、伝承された李公子像に含まれる多様なイメージも歴史的に問題にする必要があると考えたからである。

　崇禎14年（1641）前後より、明末の流賊は10数年にわたる流動行動から、税役全廃又は軽減等や都市の商人に対する公平な売買の保証等のスローガンを掲げ、農民を中心に都市の住民も対象とする政策を提示するように、乱の目的を明確化していく。しかも明朝に代わる初歩的政権（「仁義」の世界）樹立に必要な官僚を得るため、独自の科挙を始めると同時に、民衆にとって評判の良い明朝の官僚・郷紳・生員等の勧誘に着手した。こうした時期の状況を象徴したのが李公子とその伝承であった。民衆の期待の中で李公子伝承は急速に中国全土に拡大した。この伝承を文字化して伝えたのは、華北に拡大した流賊の侵攻を、直接経験しなかった江蘇・浙江を中心にした江南の文人であった。この李公子が誰かを歴史的に特定するとなると、史料的にも実証困難な点が多々存在するため、現在に至るまで李岩論争として長期にわた

り継続され決着がついていない。

　張献忠と並び流賊の雄となった李自成であるが、彼の目指す集団の方向を代表し、しかも期待をもって伝承された李公子が李自成でなく李岩であると、その事蹟を最初に伝えたのは長編時事小説『新編勦闖通俗小説』であった。これを『定鼎奇聞』・『樵史通俗演義』が継いだ。いわゆる三部小説である。この三部小説の内容を広めた『明季北略』の著者計六奇は自らの幼年時代の体験から、李公子は李自成でなく李岩であることを強調した。李公子＝李岩に関する伝承上の曖昧な部分を補充したのが、呉偉業『綏寇記略』である。それまでは李岩は杞県の挙人と記す以外、家族関係は不明確であったのを父親が兵部尚書（退職時に贈られた名誉職）李精白と明言し、彼の原籍は潁州（川）衛とした。李岩が李自成軍に加わらざるを得なくなった原因として、杞県で農民に対する税をめぐる知県や有力者との対立以外に、以下の内容を加えた。流賊の脅威に備えて李岩が地元防衛組織の権を掌握し、しかも明朝の総督府から公認されたため、杞県の有力者は李岩が奄党とされた父親を冷遇した自分たちに恨みを晴らそうとする行動と警戒したこと、及び縄技紅娘子との関係である。このように李公子＝李岩は『新編勦闖通俗小説』と『綏寇紀略』により骨格がつくられた。

　『後鑑録』を著し正史『明史』流賊伝の骨格をまとめた毛奇齢は、『綏寇紀略』の李公子＝李岩を継承した。しかし父親の原籍が潁川衛、子供の李岩が杞県人となると父親が杞県に住んでいたのかどうか、一方で史実として李精白の子は李栩で、潁川衛のある潁州に住んでいたことが確かめられる。こうした伝承と史実の混乱を、毛奇齢等は李公子＝李岩が李公子＝李栩と重なる部分を整理するため、李栩の名を

『明史』から削り又李精白の原籍潁川衛の表現も削って、李岩の父親は李精白で「河南」(『明史』は杞県と再修正)の人に統一した。『明史』が勅許を得た結果李公子＝李岩も公認され、以後李岩と紅娘子の話は小説・戯曲などを通して広く知れわたることになった。

 列強特に日本の侵略、国共の合作及び両者の対立のさ中、中国共産党の要望を背景に郭沫若は日中戦争勝利を間近にして都市占領政策という緊急の課題に答えるため、1644年の李自成北京占領の失敗とその教訓を明らかにする論文『甲申三百年祭』を書いた。この小著について、国民党、共産党の相対立する評価のもとで論戦がなされた。郭沫若は史料の博捜が不可能な環境の中で、同論文を書くにあたり『新編勦闖通俗小説』・『明史』等を参照したが、『綏寇紀略』を始め李岩の存在を否定する『杞県志』の「李公子弁」・『豫変紀略』、潁川衛（潁州）の李栩の存在について知る由もなかった。しかし見事な構成力と人々を納得させる文章力、及び中国共産党の整風文献指定と軍・民衆教化のための劇化を通して李岩・紅娘子の存在は既定の事実となった。中華人民共和国では整風文献以外にも、姚雪垠のベストセラー小説『李自成』等の小説及びこれらを基にした漫画・映像等を通して、李岩と紅娘子の存在は広く知れわたった。李岩実在の伝聞には常に李栩のイメージが重なり、李岩と誤認された李栩が後代しばしば物語中の占いの中に現れその恨みを述べる。

 『明史』流賊伝に、杞県の人、挙人李岩の記事が挿入されるらしいとの噂が伝えられていたので、関連する杞県と開封府・河南省、潁州と潁州府（清代の阜陽県も含む）側は厳しくこの状況に反論した。『杞県志』では「李公子弁」を掲載し杞県に挙人李岩なる人物はいないこ

とを立証しようとし、『開封府志』では「李公子弁」を全文転載した上で注釈を加え、『明史』流賊伝の記述の基になっている『樵史通俗演義』は売国大老が書かせたいいかげんな書と批判を加えた。明と郷里防衛につくし流賊袁時中に殺害された李栩が、父親が李精白という理由で李自成軍に参加したと伝えられる李岩と同一人ではないかとの噂が広まっていた。ために頴州側では族譜を検証して李精白の子李栩は李岩でないことを立証し、『明史』流賊伝の執筆者毛奇齢の著書『後鑑録』を批判し、李岩その人はいないと強調する杞県側の「李公子弁」も参照し、伝聞はでたらめで実を失していると結論する。

　文化大革命終了後まもなく、顧誠と欒星が相継いで李岩の存在を否定する清初以来の「旧案」・「旧事」を再評価し、李岩は烏有先生である事を実証しようとした。清代、不思議なことに李岩の実在を否定するのに、杞県でも頴州でも李公子＝李岩を最初に紹介した『新編勦闖通俗小説』に触れることはなかったが、顧誠・欒星共に、明朝倒壊一年前後に江南の反動作家が李岩なる人物を創作し、李自成の役割を低めるための小説と断定し、『新編勦闖通俗小説』の内容を批判的に検証した。そしてこの書が江南に広まり、その内容が三部小説の他の二書『定鼎紀聞』・『樵史通俗演義』に、ついで『明季北略』、『綏寇紀略』、毛奇齢『後鑑録』等を経て『明史』流賊伝に挿入され、史実として固定された経過を明らかにした。欒星は一貫して『明史』にいたる書籍の系統、及び李公子＝李岩を記述した書籍・地方志を批判し、伝説の杞県人李岩が李公子＝李自成から李公子＝李岩にすり替えられたため、伝説の人が史蹟の人になったと結論づけた。清代、李岩との関連をいわれた両地域の危機感は烏有先生であるのに正史に記録されれば、正

義の郷土が不名誉な冤罪を受ける危機感であった。

　現代史上で再び史実として脚光を浴びた李岩に対して、彼が烏有先生で李公子は李自成であるとの立場に立つ論者の危機感は、清代と同じくこの書が反動的な著書であるとの評価では共通するものの、新しい危機感が加わる。第一論文（1978）では李自成の指示を受けて政策立案する知識人の存在も考えていた顧誠は、反論に答えた第二論文（1979）ではこうした考えが後景に退き、偉大な「起義」の指導者、李自成の役割を低めるために天才的宣伝家が、李岩という仮空の人物を創造したといい、革命の成就に知識人が決定的役割を担えないと考える中国革命評価と同様な革命史観の方法が、前近代の農民戦争評価にも適用された。又欒星にとっては郭沫若『甲申三百年祭』以来、烏有先生であった李岩が杞県の人として復活した上、その影響下で1960年に刊行された『杞県志』（稿）にも彼の伝が復活され固定されてしまう危機感をつのらせていた。実際1998年に刊行された最新の『杞県志』人物編内では、短文ながら杞県の歴史上の人物として伝が立てられた。

　ベストセラー『李自成』の著者姚雪垠は、当初は李岩の存在を信じていたが、途中から烏有先生説に転換し論文を執筆した。郭沫若の李岩論に反対したため、当時の政治環境の中で何度も苦境に陥り作家生活に支障をきたした。文革終了後、姚雪垠は精力的に郭沫若個人とその李岩論を批判した。なお李岩烏有先生説を継いだ秦新林は、李岩は『新編勧闖通俗小説』が作り出した人物であるから、数々の李岩に関する論争テーマはもともと李自成に関する内容なのであえて議論する意味がないと、一刀両断に切り捨てることを提言する。

以上李公子の謎と題して、明末から現在まで李公子が誰かをめぐる論争の整理を行ってきた。その中心は李自成か李岩か、李岩は実在の人か烏有先生かが軸であるが、李栩のイメージも重なる。明末の流賊、特に李自成の乱の評価も重なり、政治・文学・戯曲・歌謡・民間伝承等多様な方面に関連しながら今日まで論争が決着しない。李公子は李自成、或いは李岩の両論並立の論争状況が継続している。

　博愛県唐村『李氏族譜』の記述内容から李岩等以外にも、李公子伝承出現直前から文武双修の生員層が多数加わった事実が証明される。明末華北社会の解体危機渦中にあって、地域と密着して武装化の中心になれる文人層の存在は非常に重要になる。こうした層から政権樹立の段階を迎えようとする流賊の要請に答えて、或いは投機的部分も含めて、参加する者が増加するのは必然の成り行きである。

　著者佐藤もかつて李自成軍初期政権・襄京政権（湖広襄陽を襄京と改名）の文武官の構成を考察した（旧著一章三節）。その結果から李自成集団には政権樹立前後、この集団に政策提言で影響を及ぼししかも戦闘行動にも習熟し、政策宣伝を担当できる文武両道に秀でた知識文人層の参加とその役割を考えてきた。いわゆる李岩或いは李岩的人物（個人或いは複数）である。

　李岩烏有先生説をとる清初から現在までの論者は、『明史』流賊伝の基礎となった『新編勦闖通俗小説』・『樵史通俗演義』・『綏寇紀略』等を批判する。特に前二著については反動作家が創作し或いは特定有力者が意図的にある作家に書かせた反動的な書とする。この反動の意味であるが、『新編勦闖通俗小説』は作者が烏有先生の李岩を創造し

たこと、『樵史通俗演義』は売国大老（実際の名は不明）が書かせた書と推定しているが、どうやら清朝の支配を認めているからということらしい。出版時期は前者が明の滅びた1644年（崇禎17、順治元、弘光元）8月初旬、後者は順治8年（1651）以降である。両著の作者は前者が復社に属する匡社関係者かその周辺の生員、後者も松江府青浦県の生員陸応陽である。両者とも明再建もしくは明に愛着を持つ下級士大夫で、なぜ反動的人物と評価するのか判然としない。

　著作の意図は、前者『新編勦闖通俗小説』が巻一の最初に明末の流賊がなぜ起こったかを考察し、その乱を特徴付けるために、明中期、正徳年代、華北全域を流動化して明を揺さぶった劉六・劉七の乱と比較する。劉六・劉七の乱が結局最初から最後まで流動戦術のみに終始したため、最後には孤立して政府軍に各個撃破され滅びたが、これに比べ流賊李自成の乱は当初単に城市を攻め略奪して「水の流れて定まらない」、「響馬の強賊」にすぎなかったのが、最後には「幾個の省城を占め、元を改め号を建て、直ちに京都を犯し、惨逆は君父に及ぶ」古今稀なる乱となった。こうした意識を前提に当時の情報・見聞をできるだけ集め客観的に分析し明朝の滅びた原因と経過につき歴史に耐える内容を記録（「信史」）し、『明史』編纂に役立てる意図を持っていた。

　もちろんこの著の最終目的は明朝の再建と江南の秩序回復のために、弘光政権に結集することを訴えることであった。著者佐藤はこの書が、見通しとしての政治の指針は誤り又華北を舞台にした流賊の史実なので、江南にいて伝聞を記した作者は史実関係の上で部分的誤りをおかす事は当然免れないものの、明が滅びて5ケ月後の8月初旬の著とし

て、流動化・混乱しつつあるこの段階での各種の情報収集と分析による記述は、明の滅びる所以と北京における江南出身の官僚の動向をかなり整合的に捉えていると考える（佐藤、2009）。したがって明滅亡後５ケ月前後の時期の出版なので、李岩なる人物を創作して全体の重要人物として位置づける小説を書くというのは難しいであろう。この著を反動的ででたらめな書と片付けてしまうのはやはり問題であると考える。

『樵史通俗演義』は明の政治が混乱し滅亡に到る、実録の一部を欠いた天啓時代と全く存在しない崇禎年代の記述に力をいれ、『明史』を記述するにあたって明代の正確な歴史記述の参考に供するための意識のもとで書かれており（「信史」）、清朝を礼賛したり李自成を単にけなしたりする意図で書かれたものではない。三部小説のうち『樵史通俗演義』より先に刊行された『新編勦闖通俗小説』、『定鼎紀聞』の事実関係の誤りを正し、大幅な整理を行った。事実康熙４年（1665）、御史顧如華から『明史』編纂時に参考にすべき一書として推薦されている。そのようなわけで、両書を反動の書と断定するのには無理があると考える。

以下で李岩実存の立場での実証状況について言及しておこう。流賊李自成軍が政権樹立前後から画期的なスローガンを提出し、人々が期待をもって伝承したことは歴史的事実である（一章）。実際の論争状況で紹介したように、北京で活動する李岩の事績に関する史料は、李岩実在の可能性が窺える。政策提言と実際の宣伝の指揮を執った李公子を李自成とするか、李岩とするか両論に分かれる。さらに李岩の存

在を否定する立場からこの役割を牛金星とする考え方もあるが、ここではこの問題に触れない。

　しかしこの立場で最も困難なのは、李岩杞県の人で挙人説の証明である。李岩烏有先生の立場から、父親李精白は潁川衛（潁州）の人で杞県人ではなく、杞県とは全く関係ないとする主張がなされた。ところが河南省での論争から、父親といわれた李精白は科挙試が河南籍（郷試は開封府）であったため、挙人・進士共に同年合格者であった杞県の望族猛紹虞との長い交流が明らかになり（崇禎初年両者共に奄党として処分）、郷試受験等も含め彼の家に宿泊するなど交友は長く、この意味では杞県との関係は深いという事実が明らかになった。但し『杞県志』選挙志を始めとする諸志に挙人李岩（李信）の史実は確認できない。

　次に李岩は杞県の挙人でなく諸生と記す史書も多い。これなら地方志に生員の姓名を全員載せない場合が普通である。但し杞県において、税金をめぐり知県や地元の郷紳・地主と対立した史実及び関連する人物の特定は難しい。又李岩が李自成軍に加わる年代が13年（1640）末と伝えられているが、これも杞県での史実としての証明は難しい。それ以前の崇禎8年（1635）から10年頃にかけて、杞県周辺を根城とする土賊に参加したと考える方法もあるが、この見解の実証も困難が多い。さらに潁州・阜陽県での噂で、李精白には杞県に別の子供がいてその子が李自成軍に加わったとか、杞県の李岩に関する風俗伝承等も興味深いが、いずれも実証は困難である。河南の地方志が長期にわたり科挙合格者李精白を、開封府属の尉氏県在籍と記した問題等の未解決問題も多い。

近年新たな族譜の発見により、李岩の存在を杞県以外に求める研究が進められている。王興亜等が精力的に進めている、博愛県唐村の『李氏族譜』に基づく分析方法である。この族譜上では、李自成軍に加わった歴史・伝承上の人物と同名の五人、李仲（貢生、号大亮）・李信（貢生、字岩）・李牟（庠生、李信の堂弟）・李棟・李友（李開）の名が記され、いずれも唐村李氏九世の西院・北院に属する。李仲と李信は北院八輩当主李春茂（貢生）の四人の男子の内、二男と四男に当たる。二人は事件に関連して逮捕を逃れるため、博愛県から杞県に逃れその地で糧油行を営む父親の弟、李春玉（庠生）の家に避難する。李牟と李信が李自成軍中において冤罪で死去したが、二男の李仲は脱出して浙江僉事の任にあった三男の李俊のもとに身を寄せ、武術の伝播につとめた。

　なお最後に、李自成の乱に見られた画期的なスローガンの背景となる思想的環境について附言したい。生存の危機に曝され或いは流民化した文字を知らない民衆が期待し、彼らの間に浸透して歌われ伝承された歌謡・スローガンの代表的なものに、「みんな思う存分食べて温かく着よう。(闖王がいれば) 差役に当たらず、税糧を納めなくてよい」(「吃他娘、着他娘、吃着不殼、有闖王、不当差、不納糧」) や「李公子仁義の師」があった（一章2、事例4）。このスローガンを禅宗や儒教の朱子学における「穿衣吃飯」(きることくうこと)と新しい有徳の君主が徳政を民に施す意で捉えることも可能であろう。しかしここで想起されるのは、明末の社会変動に対応した陽明学をさらに展開させた「無善無悪」派の李贄（李卓吾）童心論の影を見ることができないであろうか。溝口雄三の研究でいわれた李卓吾の学説である童心説の核心、「穿衣吃飯」(きることくうこと)に

関する解釈が想起される。「衣と飯」という生存欲を民一般に無限定に容認し、これを「人倫物理」の客観的普遍性に根底させた（溝口著書、1980、p.248）が、この民を軸にした新しい道徳律は着想の段階で現実には未確立であったので、支配の根幹を揺るがし無秩序を招来するとして朱子学はもちろん、巨視的に見れば明末の新しい政治運動を担った同志の関係にあるべき東林派からもより激しい反発を被った（溝口著書、李卓吾、1985、p.257）。それにもかかわらず「彼の思想営為の中枢部はほかならぬ彼の批判者により継承された」（同李卓吾、p.220）とする指摘である。

　李卓吾は76歳の万暦30年（1602）獄中で自殺した。その後崇禎年代に至り魏忠賢派が一掃され東林派が政権に復帰するものの、明朝の支配は悪化する一方でついに長江以北は流賊に席巻されるにいたる。李卓吾が麻城にいたころ、『焚書』を始めとした彼の著作を通して、楚（湖北）の士大夫に直接的な思想的影響を与えたといわれ、中国全土の士大夫もかれの考え方に賛成・反対を問わず、彼の論旨は広く知れわたっていた。したがって流民化を伴った華北民衆の生存の危機に対し、李自成軍が最盛期を迎えようとした崇禎14年（1641）前後、様々な原因から李自成軍に加わった士大夫が、李卓吾の童心論の核心であ「穿衣吃飯」
きることくうこと
の考えを先述のスローガンに表わし、その解決策として賦役の免除・軽減を提起し、この実行者が「仁義の師」李自成であると民衆に知らしめたという想定も成り立つのではないかと考えているが、今後の課題としたい。

【参照文献・史料】

　以下で掲げる史料は、なるべく入手可能で刊行されたものを中心に、また同一文献に関して多くの刊行本がある場合は、原則として著者佐藤が使用したものを中心に記した。関連文献・史料は膨大にのぼるが、おのずと李公子像、特に李岩に関する史料が中心となり、網羅的でないことをお断りしておきたい。

【書籍に関する総合的解説】

謝國禎『増訂晩明史籍考』(上海古籍出版社、1981)

孫階第『中国通俗小説書目』(重排本、人民文学出版社、1998)

劉世徳主編『中国古代小説百科全書』(中国大百科全書出版社、1982)

『明清進士題名碑録索引』上中下 (上海古籍出版社、1980)

神田信夫・山根幸夫　編『中国史籍解題辞典』(燎原書店、1989)

『アジア歴史事典』10冊 (平凡社、1959〜1962)

【正史・檔案等】

萬斯同撰『明史』416巻 (上海古籍出版社、2008)

王鴻緒等撰『明史藁（稿）』310巻、雍正元年上進本による敬慎堂刊本、和刻本 (汲古書院、1974)

張廷玉等撰『明史』332巻 (中華書局出版、1974)

張廷玉等『御撰資治通鑑綱目三編』

『大明実録』(中央研究院歴史語言研究所)

『大清歴朝実録』(台湾華文書局総発行)

『明清史料』甲編〜癸編(中央研究員歴史語言研究所編、1930〜1975)

『明清史料彙編』(文海出版社)

鄭天挺・孫鉞『明末農民起義史料』(中華書局、1954)

『乾坤正気集』

『啓禎両朝條款』

【明末清初の歴史・個人文集・見聞・随筆】

楊嗣昌『楊文弱先生集』(東洋文庫蔵)

呉　甡『柴庵疏集・憶記』(浙江古籍出版社、1989)

孫伝庭『孫伝庭疏牘』(明清初史料選刊、浙江人民出版社、1983)

李永茂『荊襄題稿』・『枢垣初刻』(中華書局、1958)

楊士聰『甲申核真略』(『甲申核真略』浙江古籍出版社、1985)

趙士錦「甲申紀事」(『晩明史料叢書』〈七種〉を影印、大安、1967)

程正揆「甲申紀事」(『荊駝逸史』)

陳済生「再生記略」(『賜硯堂叢書』)

顧炎武「明季実録」(『昭代叢書』)

劉尚友『定思小紀』(『甲申核真略』に収載、浙江古籍出版社、1985)

姚廷遴「歴年記」(『清代日記滙抄』上海人民出版社、1982)

鄭　廉『豫変紀略』(王興亜点校〈明末清初史料選刊〉浙江古籍出版社、1984。張永棋等撰、欒星輯校『甲申史籍三種校本』、中州古籍出版社、2002)

馮　甦『見聞随筆』

顧公燮『丹午筆記』(〈江蘇地方文献叢書〉『丹午筆記・呉城日記・五石脂』、

江蘇古籍出版社、1999）

毛奇齡『後鑑録』（『西河合集』）

談遷『国榷』（古籍出版社、1958）

談遷『北遊録』（中華書局出版、1981）

彭孫貽『平寇志』（上海古籍出版社、1984）

査継佐『罪惟録』（浙江古籍出版社、1985）

錢𨫵『甲申伝信録』（〈明代野史叢書〉北京古籍出版社、2002）

戴笠撰、呉殳編『懐陵流寇始終録』（遼沈書社、1993）

戴笠・呉喬（殳）編『流寇長編』（書目文献出版社、1991）

彭孫貽『流寇志』（浙江人民出版社、1983）

呉偉業『綏寇紀略』（上海古籍出版社、1992）

谷応泰『明史紀事本末』（上海古籍出版社、1994）

計六奇『明季北略』上下（中華書局出版社、1984）

計六奇『明季南略』（中華書局出版社、1984）

王葆心『蘄黄四十八砦紀事』（台湾文献叢刊305種、〈台北〉中華書局、1962）

鄒　漪『啓禎野乗』（『明清史料彙編』第五集）

鄒　漪『明季遺聞』（台湾文献叢刊112種、〈台北〉中華書局、1961）

張　怡『諛聞続筆』（『筆記小説大観』、江蘇広陵古籍刻印社出版、1984）

趙常夫輯『寄園寄所寄』上下（文学筆記叢書・大達図書供応社刊行、1935）

夏　燮『明通鑑』（中華書局出版、1959）

李天根『爝火録』上下（浙江古籍出版社、1986）

趙　翼『簷曝雑記』

抱陽生『甲申朝事小紀』上下（書目文献出版社、1987）

徐　鼒『小腆紀年附考』（中華書局、1957）

【風説・小説・戯曲】

『華夷変態』上中下（浦廉一解説。東洋文庫、1958～1959。1981年に東方書店より再版）。同書の研究は浦廉一の専論の他、近年では大庭脩『徳川吉宗と康熙帝―鎖国下での日中交流』（大修館書店、1999）、川勝守『日本近世と東アジア世界』（吉川弘文館、2000）、松浦章『海外情報からみる東アジア・唐船風説書の世界』（清文堂、2009）等でも言及されている。

『新編勧閥通俗小説』（国立公文書館蔵）、『李闖小史』（明末清初史料選刊『甲申核真略』に収載、浙江古籍出版社、1985）

『順治皇過江全伝　明末清初満満年』（東洋文庫蔵）、『新世弘勲』（《古本小説集成》編委員会、上海古籍出版社）。いずれも『定鼎奇聞』と同じ。

『樵史通俗演義』　江左樵子　編集、銭江拗生　批点『樵史通俗演義』（人民文学出版、1989）

『馮夢龍全集』（魏同賢主編、上海古籍出版社）

董　榕『芝龕記』

俞　樾『右台仙館筆記』（〈歴代筆記小説叢書〉、齊魯書社、2004）

俞　樾『俞楼襍纂』（『春在堂全集』）

紀　昀『閲微草堂筆記』（上海古籍出版社、1998）

『崇禎惨史』（原題『鉄冠圖』、民国19年広益書局による改題。黒龍江朝鮮民族出版社、1986）

李宝忠（健佚）『永昌演義』（新華出版社、1984）。この書はほぼ同時期
　の1984年8月、顧誠の前言をつけ『李自成演義』と改題され光
　明日報出版社より出版された。
趙紱章（煥亭）『明末痛史演義』（江蘇広陵古籍刻印社出版、1998）
姚雪垠『李自成』全五巻（中国青年出版社、1977～1999）。なお陳舜臣・
　陳謙臣共訳『叛旗　小説李自成』上下（講談社、1982）は、同
　書第一巻を翻訳したものである。2000年、中国青年出版社より
　姚雪垠著作集（『姚雪垠書系』）が出版され、『李自成』は一巻か
　ら十巻に収められ、その六巻が〈李岩と紅娘子〉と題されてい
　る。

【地方志】
　本著記述に際し参照した地方志は厖大にのぼる。ここでは李公子
像、李岩・李栩に関連する杞県と潁州を中心とする地方志のみを記
すに止める。

順治年間奉命修志『杞県志』、完成・出版できず。
康熙32年修『杞県志』
康熙34年修『開封府志』
康熙34年修『河南通史』
雍正9年増修『河南通史』
乾隆11年修『杞県志』
乾隆53年『杞県志』
民国8年修『杞県志稿』

1960『杞県志稿』
1998『杞県志』(中州古籍出版社)
2006『杞県地方志通迅』(杞県地方志編委会)

順治11年修『潁州志』
乾隆17年修『潁州府志』
乾隆20年修『阜陽県志』
道光9年修『阜陽県志』
1996修『阜陽地区志』(方志出版社)

【各章主要参照文献】

【はじめに】

田中正俊「民変・抗租奴変」(『世界の歴史11　ゆらぐ中華帝国』筑摩書房、1961)。後、『田中正俊歴史論集』(汲古書院、2004)に収載。

李文治『晩明民変』(1994、著者佐藤は遠東図書公司、1966版を使用)

佐藤文俊『明末農民反乱の研究』(研文出版、1985)

欒　星『李岩の謎―甲申史商』(中州古籍出版社、1986)。後、増補版『甲申史商』(中州古籍出版社、1997)が出版され、本著では後者を参照した。

佐藤文俊「明終末の李公子伝承」(『歴史と地理』616、山川出版、2008)、本著の概略を記した。

【第一章】

李文治『晩明民変』(遠東図書公司、1966。本書初版は1944)

李光濤『明季流寇始末』(中央研究院歴史語言研究所、1965)

柳義南『李自成紀年附考』(中華書局、1983)

顧誠『明末農民戦争史』(中国社会科学出版社、1984)

王興亜『李自成経済政策研究』(河南人民出版社、1982)

王興亜『李自成起義史事研究』(中州古籍出版社、1984)

謝承仁『李自成新伝』(上海人民出版社、1986)

袁良義『明末農民戦争』(中華書局出版、1987)

晁中辰『李自成』(文津出版、1994)

佐藤文俊『明末農民反乱の研究』(研文出版、1985)

佐藤文俊『明代王府の研究』(研文出版、1999)

吉尾寛『明末の流賊反乱と地域社会』(汲古書院、2001)

小林勝人訳注『孟子』(岩波書店、1977)

金谷治訳注『論語』(岩波書店、1977)

宮崎市定『政治論集』(中国文明選11巻、朝日新聞社、1971)。後、『宮崎市定全集』別巻・政治論集(岩波書店、1993)

大木康『明末のはぐれ知識人―馮夢龍と蘇州文化』(講談社、1995)

※南明関係の研究論著は省略した。

【第二章】

　A　明朝倒壊時の李公子原像

佐藤文俊「1644年の江南における李公子像」(『歴史・人類』29、2001)

佐藤文俊「1644、山東徳州の済王政権と支配層」(『駒沢史学』64、2005)

佐藤文敏「『李闖小史』の研究」(『明清史研究』5、2009)

【各章主要参照文献】

浦　廉一解説『華夷変態』(東洋文庫、1958)

大庭　脩『徳川吉宗と康熙帝──鎖国下での日中交流』(大修館書店、1999)

岸本美緒「崇禎17年〈従逆〉問題と江南社会」(『学人』五輯、江蘇文芸出版社、1994)

岸本美緒『明清交替と江南社会』(東京大学出版会、1999)

井上　進『中国出版文化史』(名古屋大学出版会、2002)

大木　康『明末のはぐれ知識人──馮夢龍と蘇州文化』(講談社、1995)

大木　康『明末江南の出版文化』(研文出版、2004)

小野和子『明季党社考──東林党と復社』(同朋舎出版、1996)

B　李公子＝李岩像の展開

佐藤文俊「『綏寇紀略』の李公子像」(『明代史研究会創立三十五年記念論集』、汲古書院、2003)。

佐藤文俊「清初における土寨的秩序の解体──山東・河南を例として──」(山根幸夫教授追悼記念論叢『明代中国の歴史的位相』下、汲古書院、2007)

王春瑜「李岩・〈西江月〉・〈商雒雑記〉」(同『"土地廟"随筆』、光明日報出版社、1988)

王　森「書樵史通俗演義」(同『明清史論著集刊』上、中華書局、1959)

欒　星「明清之際的三部講史小説──『勦闖小説』・『定鼎奇聞』・『樵史通俗演義』」(『明清小説論争』春風文芸出版社、1985。後著書『甲申史商』に収載)

趙維国「清初勦闖小説采摭史籍考述」(『明清小説研究』71、2004)

馮其庸・葉君遠『呉梅村年譜』(江蘇古籍出版社、1990)

葉君遠『呉偉業評伝』(首都師範大学出版社、1999)

徐　江『呉梅村研究』(首都師範大学出版社、2001)

福本雅一「呉偉業の挫折」(『明末清初』同朋舎出版、1984)

姚家積「明季遺聞考補」(『史学年報2‒2』1935)

斉裕焜『明代小説史』(浙江古籍出版社、1997)

斉裕焜『中国歴史小説通史』(江蘇教育出版社、2000)

陳大康『明代小説史』(上海文芸出版社、2000)

陳宝良『明代儒学生員与地方社会』(中国社会科学出版社、2005)

【第三章】

　A　『明史』流賊伝の成立

李晋華『明史纂修考』(燕京学報専号3、1933)。同書を含めて黄雲眉等『明史編纂考』(明史論叢之一、台湾学生書局、1958) には黄雲眉「明史編纂考略」、陳守實「明史稿考証」、張須「萬季野與明史」、朱希祖「舊鈔本萬斯明史稿」等が収められている。

黄雲眉『明史考證』一 (中華書局、1979)。

陳守實「明史抉微」・李光濤「論乾隆年刊行之明史」(包遵彭主編『明史考證抉微』学生書局、1968)

神田信夫・山根幸夫編『中国史籍解題辞典』(燎原書店、1989) の「明史」、「明史稿」等の項目。

川越泰博『明史』(明徳出版社、2004)

朱端強『万斯同与《明史》修纂紀年』(中華書局、2004)

方祖猷『万斯同評伝』(南京大学出版社、1996)

姚雪垠「李自成自何処入豫」(『歴史研究』1978-5)

黄愛平「毛奇齢与明末清初的学術」(『清史研究』1996-4)

谷口規矩雄「Ⅰ　李自成・張献忠の乱」(谷川道雄・森正夫編『中国民衆叛乱史3　明末～清Ⅰ』東洋文庫408、平凡社、1982)

　B　禁書体制と李公子＝李岩像の拡大

何齢修・朱憲・趙放『四庫禁毀書研究』(北京出版社、1999)

岡本さえ『清代禁書の研究』(東京大学出版会、1996)

安平秋・章培恒『中国禁書大観』(上海文化出版社、1990)

謝国禎『増訂晩明史籍考』(上海古籍出版社、1981)

何齢修等編『四庫禁毀書研究』(北京出版社、1999)

『五書編目　銷燬抽燬書目・禁書総目・違礙書目』(広文書局、1972)

雷夢辰『清代各省禁書彙考』(書目文献出版社、1989)

陳舜臣『景徳鎮からの贈り物　中国工匠伝』(新潮社、1984)

佐久間重雄『景徳鎮窯業史研究』(第一書房、1997)

大木　康「中国民間の語り物《紅娘子》について」(『伝承文学研究』37、1989)

大木　康『明末のはぐれ知識人　馮夢龍と蘇州文化』(講談社選書メチエ、1995)

大木　康『馮夢龍【山歌】の研究　中国明代の通俗歌謡』(勁草書房、2003)

　C　李公子＝李岩説への反発

【参考資料・史料】の〈地方志〉参照

【第四章】

斉裕焜『明代小説史』(浙江古籍出版社、1997)

斉裕焜『中国歴史小説通史』(江蘇教育出版社、2000)

陳大康『明代小説史』(上海文芸出版社、2000)

澤田瑞穂『中国の庶民文芸——歌謡・説唱・演劇——』(東方書店、1986)の『鉄冠圖』の項。

志賀市子『中国のこっくりさん　扶鸞信仰と華人社会』(大修館書店、2003)

郝孚逸　主編『李自成殉難于湖北通山史証』(武漢大学出版社、1987)

『李自成結局研究』(遼寧人民出版社、1998)

『李自成禅隠夾山考実』(湖南大学出版社、1988)

劉重日　主編『李自成終帰何処—兼評【李自成結局研究】』(三秦出版社、1999)

呉泰昌『芸文軼話』(安徽人民出版社、1981)「李自成在我国文芸上的反映」

郭沫若『甲申三百年祭』(人民出版社、1954)。郭沫若(野原四郎・佐藤武敏・上原淳道共訳)『中国古代の思想家たち』上(岩波書店、1953)あとがき。本書は原著『十批判書』の邦訳である。

石井　明「批評と紹介：郭沫若『甲申三百年祭』の再刊」(『龍渓』3、1972)

毛沢東「学習と時局」(『毛沢東選集』第三巻下、新日本出版社、1965)

黄淳浩編『郭沫若書信集』上下(中国社会科学出版社、1992)

王守稼・繆振鵬「『甲申三百年祭』及現代史学史上的地位」(『郭沫若研究』第1輯、文化美術出版社、1985)

陳福康「関于『勦闖小史』跋及其他」(『同上』第2輯、1986)

譚洛非主編『抗戦時期的郭沫若』(四川省社会科学院出版社、1985)六章三節『甲申三百年祭』

卜慶華「『甲申三百年祭』出版的前前后后」(『郭沫若研究新論』首都師範大学出版社、1995)

趙以武主編『毛沢東評説中国歴史』(広東人民出版社、2000)。なおこの書にも収められている『甲申三百年祭』に関する毛沢東の郭沫若への手紙は、于立群の解説付で『人民日報』1979.1.1版に再録されている(「毛沢東同志給郭沫若同志的信」、于立群「難忘的往事」)。

『毛沢東書信選集』(人民出版社、1983)

李新達「毛沢東与史学家」(『中国史研究』1994-1)

柳亜子「紀念三百年前的甲申」(1943年3月22日)、「現在的中国会等于明季嗎？」(1944年6月)、いずれも『柳亜子選集』上(人民出版社、1989)。同「読郭沫若『甲申三百年祭』一文、即題其后」(『柳亜子選集』下、1989)。

呉晗「論晩明"流寇"」(1944年3月、重慶『新華日報』)、同「三百年前的歴史教訓」(昆明『正義報・新論衡周刊』)、いずれも『呉晗史学論著選集』第二巻(人民出版社出版、1986)。

葉青　編著『関於甲申三百年祭及其他』(独立出版社、1944年8月)

陶希聖『潮流与点滴』(再版、伝記文学出版社、1969)

李光濤『明季流寇始末』(中央研究院歴史語言研究所専刊之五十一、中央研究院歴史語言研究所、1965)

李文治『晩明民変』(遠東図書公司、1966)

阿　英『李闖王』(新華書店、1949)

阿　英『李闖王』(〈五幕話劇〉中国戯劇出版社、1962)

【第五章】

　まず最初に、李岩論争に関する文献を掲げる。ここで掲げるのは主に1980年以降のもので、1949―1980までについては旧著『明末農民反乱の研究』付編を参照していただきたい。記述に必要な論著は一部1980年以前のものでも加えた。

　A　李岩の存在を肯定する立場（慎重論も含む）
1．郭沫若『甲申三百年祭』及び附録〈関於李岩〉（1944。1954年人民出版社版による）
2．張国光「関于《李岩質疑》的質疑」（『北京師範大学学報』1972-2）
3．李小白「〈李公子弁〉弁」
4．王興亜「李岩的籍貫、家世及其在杞県挙義事跡質疑」（『鄭州大学学報』1978-3、1978）
5．邢樹恩・杜宝田「杞人李岩並非"烏有先生"」（『中州今古』創刊号、1982）
6．常育生・程子良「有関李岩的伝聞与線索」（『中州今古』創刊号、1982）
7．邢漢生「李岩確有其人」（『史学月刊』1984-3）
8．蒋祖縁「李岩不是"子虚烏有"的人物」（『東岳論争』6、1984-6）
9．王興亜「李岩考辨」（『李自成起義史事研究』中州古籍出版社、1984）
　第五章。ここでは李岩研究にあたっての各項目の基礎となる史料の客観的評価の必要性を述べる。
10．王興亜「李岩無其人説存疑」（『河南大学学報』1985-1）
11．範沛濰・李肖勝「杞県《李氏族譜》与李岩」（『史学月刊』1985-6）

12．李肖勝「従《李氏族譜》看李岩其人」(『河南大学学報』1986-1)
13．張鶴峰「杞人李岩仍非烏有先生」(『中州今古』1986-2)
14．陳生璽「李岩在北京史事新考」(原載『社会科学輯刊』1988-5)。後 『明清易代史独見』(中州古籍出版社、1991)に収載。
15．王興亜・馬懐雲「博愛発現明末李岩李牟的重要資料—唐村《李氏家譜》歴史価値探析」(『中原文物』2005-5)
16．王興亜・李立炳「李岩籍貫与陳氏太極拳源流新説—康熙五十年唐村《李氏家譜》的発現及其価値」(『中州学刊』2005-4)
17．程　峰「従博愛唐村〈李氏家譜〉看李岩的籍貫」(『河南科技大学学報』2006-5)
18．程　峰「博愛唐村李岩故里調査」(『中原文物』2007-4)
19．王興亜「対李岩籍貫問題的再考証—兼論博愛唐村《李氏家譜》的可信」(『中州学刊』2007-4)
20．王興亜「李岩故里、家世与身世考実」(『焦作師範高等専科学校学報』2008-3)
21．魏美智「李岩籍里新証」(2009.10.9　発表原稿)

B　李岩の存在を否定、又は部分否定の立場
【1】存在を否定
1．顧　誠「李岩質疑」(『歴史研究』1978-5)
2．顧　誠「再談李岩問題」(『北京師範大学学報』〈社会科学版〉1979-2)
3．欒　星「李岩伝説的余波」(『中州今古』1983-4と5、1983。後『甲申史商』)

『李岩之謎―甲申史商』（中州古籍出版社、1986）。後、増補版『甲申史商』（中州古籍出版社、1997）。本著では後者によった。なお欒星の李岩研究は多面からなされており、他の論文の原載誌について一々掲げなかった。

4．姚雪垠「評『甲申三百年祭』」三（『文匯月刊』1981-2）

5．秦新林「試論『勦闖小説』与李岩形象的関係」（『北京師範大学学報』〈社会科学版〉1995年増刊）

6．秦新林「李岩在京史実質疑」（『史学月刊』1996-3）

7．秦新林「杞県『李氏族譜』之李岩疑辨」（『河南大学学報』〈社会科学版〉36-2、1996）

8．王春瑜「李岩・『西江月』・『商雛雑記』」（『光明日報』1981.11.9〈史学〉、後、『明清史散論』東方出版中心、1988）　※　李岩の存在は否定するものの、李岩の存在を示すとされる史料は慎重に検討する必要ありとする。

【2】伝承上の李岩は存在しないが、山東莱陽県出身の進士で地方と中央官を歴任した李岩の治績の投影とする ROGER V. DES FOGES（戴福士）の論著。

1．「The Story Of Li Yen: Its Growth And Function From The Early Chin To The Present」（HARVARD JOURNAL of ASIATIC STUDIES VOLUME42: NUMBER2 1982）。

2．「THE LEGEND OF LI YEN: ITS ORIGINS AND IMPLICA-TIONS FOR THE STUDY OF MING～CHING TRANSITISONS IN 17TH CENTURY JOURNAL OF THE AMERICAN ORIEN-

TAL SOCIETY, 104～3・4、1984」

郝玉生・秦新林共訳「李岩故事的起源及其研究意義」(『殷都学刊』1998-1)

3．「李岩故事由来与明清之際政権的嬗替」(『中華文史論叢』第二輯、1986)

4．『Cultural centrality and Political Change in Chinese History Northeast Henan in the Fall of the Ming』(Stanford University Press Stanford, California 2003)

C　その他

曹貴林「李岩述論」(『歴史研究』1964-4)

毛沢東「党内のあやまった思想をただすことについて」(1929)(『毛沢東選集』1・上)、「抗日游撃戦争の戦略問題」(1938)(『毛沢東選集』2・上)、「中国革命と中国共産党」(1939)(『毛沢東選集』2・下)。

　　※『毛沢東選集』は新日本出版社発行の1965年版による。

佐藤文俊「顧誠先生を偲ぶ」(『明代史研究』32、2004)。後、中文訳が『顧誠先生紀念暨明清史研究文集』(〈中州古籍出版社〉2005)に所収。

金庸著、小島早依(訳)・岡崎由美(監修)『碧血剣』(徳間文庫、2001)

小野和子『明季党社考─東林党と復社─』(前第二章A)

福本雅一『明末清初』(同朋舎、1984)、同『明末清初　二集』(同朋舎、1993)

姚雪垠『長夜』(人民文学出版社、1981)、著作集に収載。

姚雪垠『李自成』五巻（1977〜1999、中国青年出版社）、第一巻の序言
　　（1977）に注意。
姚雪垠「評《甲申三百年祭》」(『文匯』1981-1、1981-2、1981-3)
出版社編『関於長篇歴史小説《李自成》』(上海文芸出版社、1979)
胡徳培『《李自成》人物談』(寧夏人民出版、1981)
顧　誠「如何正確評価《『甲申三百年祭』》—与姚雪垠同志商権」
　　(『中国史研究』1981-4)

【おわりに】
溝口雄三『中国前近代思想の屈折と展開』(東京大学出版会、1980)
溝口雄三『李卓吾　正道を歩む異端』(集英社、1985)
佐藤文敏「李闖小史の性格」(『明清史研究』5、2009)

李公子関連年表

年号（西暦）	関　連　事　項
万暦34（1606）	李自成生まれる（延安府米脂県双泉都）。張献忠生まれる（延安府膚施県柳樹澗）。
天啓7（1627）	明末流賊動乱、陝西で始まる。
崇禎3（1630）	李自成、流賊王左挂軍に、ついで不沾泥軍に加わる。張献忠、米脂県で反乱し八大王を名乗る。
崇禎4（1631）	流賊、黄河を渡り山西に入る。李自成、闖王＝高迎祥軍に加わり、闖将を名乗る。
崇禎6（1633）	流賊、河南・湖広・四川に入る。
崇禎8（1635）	流賊、鳳陽に入り皇陵を焼く。※李公子＝李栩（順治『潁州府志』）。
崇禎9（1636）	流賊最強集団首領の高迎祥、明軍に捉われ北京で処刑。李自成、混乱の中で推されて闖王位を継ぐ（闖王＝李自成）。
崇禎10（1637）	楊嗣昌、兵部尚書となり四正六隅十面網策を定む。張献忠・羅汝才、総理熊文燦に偽降。
崇禎12（1639）	清軍、山東に侵入。張献忠・羅汝才、再反乱したため、熊文燦逮捕さる。
崇禎13（1640）	李自成、河南で勢力回復。宝豊県挙人牛金星、杞県挙人李岩加わる。
崇禎14（1641）	福王（洛陽）、襄王（襄陽）を殺害。楊嗣昌、責任を取って自殺。
崇禎15（1642）	清軍、畿内に侵入し北京戒厳。開封陥落。 この頃から李公子伝承開始。
崇禎16（1643）	李自成、襄陽で新順王を、張献忠、武昌で大西王を各々名乗り、政権樹立に着手。
崇禎17・順治元・弘光元（1644）	李自成、西安で王を称し、国号を大順、永昌と建元。北京占領。4月呉三桂・清連合軍に敗れた李自成は、即位の儀式を挙行後、西安に向けて撤退。『新編勦闖通俗小説』（李公子＝李岩）出版、「大明兵乱伝」江戸幕府に報告（『華夷変態』、李公子＝李自成）。
順治2（1645）	李自成、通城県九宮山で地元の武装郷兵に殺害さる（別に、康熙初年まで僧として生き延びたとする伝説あり）。福王政権滅亡。『明史』編纂令下る。
順治8（1651）	『定鼎紀聞』（李公子＝李岩）。順治8年以降『樵史通俗演義』（李公子＝李岩）出版。

順治9（1652）	『綏寇紀略』（李公子＝李岩、出版は康熙13年）。
順治10（1653）	『国榷』（李公子＝李岩）。
順治11（1654）	順治11『潁州志』（李公子＝李栩）。
康熙元（1662）	桂王（永暦帝）、昆明で呉三桂に殺され南明政権消滅。
康熙12（1673）	呉三桂等の三藩の乱（～81）。鄭成功死す。
康熙13（1674）	『綏寇紀略』出版。『華夷変態』出版。
康熙22（1683）	鄭克塽降伏し、鄭氏台湾政権消滅。
康熙27（1688）	〈李栩伝〉（『雙雲堂集』）出版。
康熙32（1693）	康熙32『杞県志』（李岩烏有先生）。
康熙33（1694）	萬斯同『明史稿』（李公子＝李岩）。
康熙34（1695）	『開封府志』（李岩烏有先生）。
康熙40（1701）	『豫変紀略』（李岩烏有先生、出版は乾隆8年）。
雍正元（1723）	王鴻緒『明史稿』（李公子＝李岩）。
乾隆4（1739）	『明史』（李公子＝李岩）成る（9年刊行）。
乾隆22（1757）	彭家屏私蔵明末野史案。
乾隆37（1772）	四庫全書編纂始まる。
乾隆38（1773）	〈四庫全書〉開館、同時に〈乾隆禁書〉始まる。
乾隆39（1774）	明末清初の野史を一切禁書とする（江浙、江西、閩、湖広）。1777～1783、50回以上の文字の獄。
乾隆44（1779）	地方志で違反あれば鏟燬する。
乾隆47（1782）	四庫全書成る。
乾隆58（1793）	乾隆禁書完成。
宣統3（1911）	辛亥革命。すでに嘉慶・道光時期より、乾隆禁書緩む。
民国33（1944）	郭沫若『甲申三百年祭』。国民党は批判し、共産党は整風文献に指定し評価。
1949	中華人民共和国成立。国民党台湾へ。
1958～1961	社会主義建設の総路線・大躍進・人民公社。
1961～1964	調整政策。姚雪垠『李自成』第一巻（1963）。
1965～1976	文化大革命。姚雪垠『李自成』第二巻（1976）。
1978～	改革・開放政策開始。顧誠・欒星、清初の李岩烏有先生説を再評価。以後、李岩実在説派との論争開始。姚雪垠『李自成』全巻成る（1999）。
2005～	王興亜等による博愛（河内）県唐村『李氏族譜』分析結果の公表始まる。

※禁書の項は岡本さえ『清代禁書の研究』による

あとがき

本著は李公子問題に決着をつけることを意図したのではなく、そのための道筋の一つとして、伝承発生当時からの状況を歴史的に追って整理し、今後の展望のための一助とすることを目的とした。

本テーマと私の係り合いは、1964年（昭和39）度、『李自成軍と李岩――明末農民反乱に関する一考察』と題した修士論文をまとめた時以来である。以後論文として公表しなかったものの、それ以来ずっとこのテーマに関心を持ってきた。当時日中間に国交がなかったので、日本で知りえる中国での研究状況には限界があった。『明史』流賊伝、郭沫若・李文治等の著作や論文を読んで、中国革命に連動するといわれた前近代の太平天国運動と並ぶ反封建的性格を有する農民「戦争」の一つ、李自成の乱とこの乱の新たな展開に大きな役割を果したと伝えられる李岩なる知識人に、非常に興味をそそられた。だが当時の中国の社会主義建設状況とこれに密接に連動する学術のあり方にはほとんど無知であった。

1958年から開始された三面紅旗（総路線・大躍進・人民公社）政策のもと、科学的データを無視した、主観能動性に基づく社会主義建設の急進化がやみくもに進められた結果生産が荒廃し、農村を中心に数千万にのぼる餓死者を出したといわれる惨状を迎えた。1961年からの劉少奇等の調整政策でなんとか社会の落ち着きを取り戻しつつあったものの、毛沢東等はこうした政策を資本主義を目指す修正主義政策と批

判し、社会主義のもとでの継続革命の必要性を強調し、調整派を攻撃した。修論をまとめていた1964年度は、中国共産党の社会主義建設をめぐる路線闘争（権力闘争）が深刻化し文革に到る前夜であった。李自成の乱に関する研究分野においても、歴史人物評価と地主知識分子の農民起義への作用問題として激しい論争が繰り広げられていたが、この論争は又同時に、研究者とその政治的思想的立場が問われていた。

　文化大革命終了後は「実事求是」方針のもと、李岩研究も前記の政治状況から解放された。顧誠や欒星により清初の『杞県志』や『豫変紀略』の李岩烏有先生説が再評価され、これに対し李岩実在を主張する論者との間に議論が継続されてきた。伝承と事実関係をめぐった論争に、2000年代に至り河内県唐村『李氏族譜』の発見と利用という新しい展開が加わった。

　私は明末の混乱した極限状況の中で支配層の一部も社会体制の維持をめぐり、支配層内の対立から体制外に出ざるを得ず、李岩や李岩的知識層が流賊に参加しその展開に新しい要素を加えるであろうと考えてきた。李公子像は李岩か李自成かを含めて流賊行動の新展開で、民衆の困苦の最大原因である賦役の問題、農民や都市の商人に対する平買平売という流通上の公平を明言し、これらの問題の解決を実現する政治権力の創設という筋道を提起する内容を含んでいた。したがって大衆が期待をこめて、李自成軍の宣伝した歌謡を広く伝承させた。李岩と紅娘子という史実として確認しにくい人物も、後世小説・歌謡・演劇を通して伝播されたし、全く李自成・李岩とは立場が違う李栩の映像も重なり李公子像は複雑化した。

　李自成の乱は清初以降物語化、脚本化・劇化され、その際作者にとっ

て、李公子＝李岩と紅娘子問題は創作意欲を搔き立てられる題材であった。姚雪垠は自身の歴史研究では史実上両者の存在を完全に否定するものの、長編歴史小説内では李岩について、伝承とは異なってその活動を抑制的に、紅娘子は典型的な貧農出身で困苦の中で決断力のある魅力的な女性に成長すると解釈し、いずれも重要な登場人物として描く。しかしこの両者を軸に創作することはかなりの困難が予想される。歴史上の事実関係をはじめ創作の構成上からである。本文中でも紹介したように、郭沫若は専門の古代史に別れを告げてでもこの問題を劇化しようと決意したが、もちろん当時の客観的環境から十分な時間をかけて調査や構想する余裕がなかった条件を除いても、自身もいうようにやはり李岩・紅娘子に関する作品の処理上の困難さ、想定した二部構成（李自成と紅娘子、李岩と牛金星の対立）の劇化の困難さで、ついに実現できなかった。

　日本でも皇(すめらぎ)なつきの魅力的なコミックス『黄土の旗幟のもと』（あすかコミックスＤＸ、角川書店、1996）を読む機会を得た。李公子の謎については、中身と表題を変えつつ筑波大学・駒沢大学・日本女子大学で講義する機会を得た。その過程で関心を持ってくれた学生も多かったが、その内女子学生の何人かから同書の存在を指摘された。魅惑的な人物画とよく史実を勉強されているのに感心しながら、一気に読み終えた。次回がどうなるか楽しみにしながら、〈あとがき〉を読んで思わず緊張感に襲われた。著者によるとこのシリーズは李自成の死までを描く予定であったが、「今のところそれが実現するかどうかわからない」と記されている。この書自体は李岩の杞県での行動と李自成軍に加わる状況を中心に描かれている。著者は、史実と物語構成

の緊張関係の処理に苦闘したことを告白されている。李岩と紅娘子が実在しなかったという研究者もあり、史実をきちんと背景にして人物を設定して物語を構成しようとすれば、本著『李公子の謎』で示したように決着しない問題も多い。李自成の死まで引っ張れば、彼の死についても異なった見解もあり、史実でも確定できない内容も多い。研究者の間の長い論争とも関連し、著者佐藤にとってもとても人ごととは思えなかった。

次に本著の叙述にあたり河南省の最新の研究状況を知るのに以下の2回の機会を得た。関係各位に感謝したい。2006年8月、牛建強教授（「河南大学黄河文明与可持続発展研究中心」）の招待で、河南大学を訪問する機会を得た。牛教授の尽力で同13日には杞県政府（役所）を訪れ、李岩は杞県の人で実存したとする説を主張する邢樹恩（杞県政府県志弁公室）、高洪憲（杞県志編纂室主任）両氏等と交流する機会を得た。さらに同15日には河南省社会科学院で、李岩問題に関して小規模のシンポジュウムを設定していただいた。祭万進歴史研究所長以下八名ほど出席されたが、この中に旧知の王興亜教授と李岩烏有先生説を主張する欒星教授もおられ、両教授から論文・著書をいただき、またとない機会が得られた。ただし私の語学力が貧困の上、日本語の通訳もいなかったので十分な意見交換もできず、折角の機会を生かせないのがほんとうに残念な気持ちでいっぱいであったが、それにもかかわらず大きな刺激をいただいたのは収穫であった。

于志嘉教授（台湾中央研究院歴史語言研究所）から、2009年10月21日、台湾大学で戴福士教授（ニューヨーク州立大学歴史系）の李岩故事に関する講演会が開催されるとの連絡をいただき、私は早速台湾を訪問し

た。戴教授とは1985年、中国で開催された明史学会で初めてお目にかかり、ほぼ同時代・同地域を対象とした研究を共有していたので以後お互いに、著書等の交換をしていたが25年ぶりの再会であった。翌22日、戴教授を含む中央研究院の研究員数名が参加された晩餐会（中央研究院の中華餐庁）に同席させていただいた。その席上、戴教授から中国で精力的に調査・研究活動されて得られた最新の情報と資料・史料をいただいた。本著でもその恩恵にあずかった。

　2000年、汲古書院の坂本健彦社長（現相談役）に本著の企画を持ち込み、その後、石坂叡志現社長に引き継いでいただき、10年の歳月を経て何とか上梓にこぎつけた。出版に到る過程では、大江英夫氏をはじめとした編集部の方々に大変お世話になった。また川越泰博中央大学教授にはご多忙の中、丁寧に初稿を検討いただき貴重なご意見を賜った。皆さんに感謝の意を表したい。

　最後に才能に乏しく、その上研究条件の環境も不十分であった私が、研究意欲だけをなんとか持続できたのは、「金食い状態」（飲食代、旅行代、書籍代）を長期にわたり黙認して好きなようにさせてくれた妻、和子のおかげと改めて感謝したい。

人名索引

あ

阿英	136,137,138,142,213
安平秋	211
伊王	55
懿安皇后	73,148,163,164
石井明	127,212
井上進	209
于立群	213
浦廉一	205,209
永楽帝	16
永暦帝	129
袁時中	14,45,77,104,116,178
袁承志	189
袁良義	208
小野和子	209,217
王永章	146
王嘉胤	9,11
王興亜	97,168,179,180,181,186,187,188,189,200,208,214,215,224
王鴻緒	69,70,74,202
王守稼	122,124,212
王春瑜	50,159,164,172,209,216
王自用	11
王承胤	21
王承曾	147
王森	209
王鳳翼	19,20
王葆心	204
汪兆銘	127
黄得功	45
大木康	23,96,208,209,211
大庭脩	205,209
岡崎由美	217
岡本さえ	211,220
温体仁	46

か

何彝光	165,178
何印光	178
何瑞征	176,177
何齡修	211
嘉慶帝	108
夏燮	204
夏征農	136
海成	82
蝸寄居士	96
郝玉生	217
郝孚逸	212
郭沫若	122,124,125～127,128,129,130,132～134,135,137,138,141,151,152,156,163,193,195,212,213,214,221,223
郭沫洛夫	128
革裏眼	13,46
金谷治	208
川勝守	205
川越泰博	210
神田信夫	202,210
紀昀	205
魏忠賢	50,61,116,161
魏美智	181,215
岸本美緒	209
牛金星	4,36,38,39,40,51,63,65,71,72,73,93,95,110,111,114,118,119,120,126,127,128,137,142,154,155,176,178,179,199
牛建強	224
姜瓖	21
龔雲起	31
龔鼎孳	57,159,163,172
金庸	189,217
恵王	17
計六奇	53～54,84,86,177,192,204
邢漢生	214
邢樹恩	157,158～162,163,164,165,166,177,214,224
乾隆帝	81,83,85,108
厳紹璗	15
小島早依	217
小林勝人	208

胡徳培	218	**さ**		葉君遠	209
顧炎武	84,203			葉青	125,128,130,132,
顧公燮	203	佐久間重雄	211		135,213
顧如華	99	佐藤文俊	116,141,143,	邵大業	90
顧誠	9,50,80,143,144,		198,207,208,209,217,	常育生	157,214
	145,146,148,149,152,		218,221,224	襄王	17
	153,157,194,195,208,	左金王	13,46	襄王・朱翊銘	13
	215,218	左良玉	32,111	沈雲英	88,89
呉偉業	56,57,58,62,63,	査継佐	26,204	秦新林	149,150,170,171,
	74,98,177,204	斉裕焜	210,211		195,216,217
呉晗	130,131,213	澤田瑞穂	109,212	秦夢熊	169,171
呉三桂	36,38,40,85,115,	志賀市子	212	秦良玉	88
	126,149,189	紫金梁	11	崇王	17
呉甡	203	謝国禎	202,211	崇禎帝	14,46,61,110,128,
呉殳	204	謝陞	40		129
呉泰昌	212	謝升	40	鄒漪	56,57,84,86,204
呉梅	91	謝承仁	208	皇なつき	223
呉麟徵	20,21,22,25	朱翊䥿	16,17,18,19,25	薛所蘊	176,177
侯格	161	朱希祖	210	翦伯賛	131
侯恂	161,177	朱憲	211	銭謙益	57,82,94
侯方域	89,161	朱元璋	16,104,115	銭㰈	204
弘光帝	31,149	朱見濬（徳王）	17	銭士升	46,77
紅娘子	63,64,71,75,91,	朱大典	62,67,76,116	銭穆	123
	94,95,96,97,98,112,114,	朱端強	70,210	全祖望	57
	115,118,120,133,134,	周延儒	177	蘇京	100,172,173
	138,145,153,154,155,	周王	17	宋権	177
	156,192,222,223	周奎	36,38	宗献策	38,65,71,110,111,
紅拂妓	98	周鐘	177		114,118,119,155,156,
高迎祥	9	徐乾学	69		176,179
高洪憲	224	徐鼐	205	宋坤	173
黄愛平	210	章培恒	211	宋玫	100,172,173
黄雲眉	210	蔣介石	123,127	曹永鼎	46
黄淳浩	212	蔣祖縁	172,214	曹貴林	143
谷応泰	100,204	蔣藩	161,165	孫鋮	203

孫階第	202	趙放	211	唐英	90
孫伝庭	10,19,203	趙翼	204	唐王	17

た

		闖王	52,155	湯斌	69,159,163
田中正俊	3,4,207	闖王・高迎祥	11,32,111	董必武	125
戴福士（ROGER V.DES FORGER）	98,174,175,177,178,179,216,217,224	闖王・李自成	31,34	董榕	88～91,205
		闖将・李自成	32	陶希聖	127,128,131,132,135,213
		闖踏（塌）天	31,32		
戴笠	204	陳謙臣	206	**な**	
大順皇帝	38,73	陳済生	203	ヌルハチ	7
谷川道雄	211	陳守實	210	**は**	
谷口規矩雄	71,211	陳舜臣	206,211		
譚洛非	123,212	陳秦庭（唐村）	185	馬懷雲	181,215
段昌緒	85	陳生璽	147～148,179,180,215	馬少波	136
談遷	19,57,204			馬千乗	88
張怡	204	陳大康	210,212	馬懋才	8
張海鵬	57	陳福康	212	林春齋	28
張家玉	129,135	陳宝良	210	万安王・朱采鑷	55,65
張鶴峰	170,171,215	丁啓睿	39	範沛濰	169,214
張鶴鳴	42	丁啓光	39	范光陽	102
張居正	7	程子良	157,214	萬斯同	69,70,77,78,202
張献忠	9,12,13,14,119	程正揆	203	傅斯年	123
張国光	145,146,214	程峰	181,215	馮其庸	209
張須	210	鄭芝龍	12	馮蘇	70,203
張縉彦	176,177	鄭振鐸	133	馮夢龍	20,23,203
張太后	37	鄭天挺	203	福王・朱常洵	12,17,55,65,66
張廷玉	69,87,202	鄭伯奇	122		
晁中辰	208	鄭廉	101,144,158,159,203	福本雅一	210,217
超紱章	111,206			包遵彭	210
趙緯国	209	田見秀	72	奉天玉和尚	121
趙以武	213	田弘遇	36	抱陽生	205
趙士錦	159,180,203	杜宝田	157,158,214	彭家屏	84,85,86
趙常夫	204	図勒炳阿	84	彭孫貽	204
		到潤傳	115,121	彭傅笏	85

方以智	176	
方学成	158,163,167	
方祖猷	210	
方大猷	177	
卜慶華	122,213	
繆賑鵬	122,124,212	

ま

松浦章	205
溝口雄三	200,201,218
宮崎市定	8,208
孟紹虞	160,161,162,165,166,171,177,178,199
孟森	164
孟昭朴	162,170
毛奇齡	70,74,76,77,78,79,80,90,107,192,204
毛沢東	121,127,130,131,140,151,152,212,213,217,221
森正夫	211

や

山根幸夫	202,210
俞樾	117,205
熊賜履	69,70
熊文燦	11,12,32
姚家積	57,210
姚雪垠	79,144,145,150〜151,152,154,155,156,193,195,206,210,216,217,218,223
姚廷遴	203
楊応龍	88
楊恩壽	89
楊嗣昌	11,12,13,203
楊士聰	177,203
楊文岳	45
吉尾寛	208

ら

羅汝才	9,12,13,101,158
雷夢辰	211
欒星	5,27,29,50,54,64,75,88,91,94,97,98,104,144,148,149,153,158,162〜166,168,177,191,194,195,207,209,215,224
李一氓	136
李栩	41,42,43,44,45,46,47,48,58,62,67,76,77,92,102〜106,107,116,117,143,192,193,194
李永茂	203
李延	27,146
李炎	27,144,146
李克	27,146
李開（唐村）	184,185
李懐功（唐村）	188
李岩	4,5,27,31,32,33,34,35,36,38,39,40,41,47,48,50,51,53,54,57,58,60,64,65,67,72,73,74,75,78,79,86,87,88,91,93,98,99,100,107,110,112,113,114,116,119,120,126,127,134,135,137,138,141,142,143,144,145,146,147,148,152,153,154,155,156,159,161,163,168,169,171,172,173,174,175,176,178,179,180,181,186,189,192,194,195,196,198,199,222,223
李岩（知県）	174,175,178,179
李岩（唐村）	186,187,188
李挙人	173
李奎	45
李元善（唐村）	187
李香君	89
李康侯	171
李公子	5,26,27,40,43,47,48,54,55,61,72,135,145,146
李公子・仁義の師	5,52,155,200
李公子・仁義の兵	26
李光壂	172
李光濤	123,132,208,213
李際春	169
李再白	175
李自成	9,11,13,14,21,26,27,28,29,30,36,37,40,47,48,50,53,54,55,58,67,71,74,109,110,111,115,121,126,128,137,138,145,146,155,156,

176,178,179,184,192,195,196,221
李俊（唐村） 184,186,187,188
李春玉（唐村） 187,200
李春茂（唐村） 184,200
李肖勝 169,170,214,215
李小川 115
李小白 157,160,161,163,180,214
李信 59,60,62,63,64,71,74,76,91,92,95,96,102,103,115,116,117,118,133,153,154,156
李信（唐村） 184,185,187,200
李珵 46,77
李晋華 69,210
李新達 213
李靖 98
李精白 41,42,43,47,48,59,61,71,74,76,78,79,92,100,102,104,105,107,112,116,117,143,154,158,160,161,165,166,167,168,177,192,199
李精白（唐村） 187
李祖旦 104,105,107
李卓吾 200,201
李仲（唐村） 184,185,187,188,200
李調元 89
劉重日 212
李闖王 137
李闖王・仁義之師 53
李闖子 46,48,102,103
李鼎銘 121
李天根 204
李棟（唐村） 184,200
李文治 3,132,141,207,213,221
李牟 32,39,47,154,170
李牟（唐村） 184,185,187,188,200
李牟公子 144
李宝忠 114,115,118,120,121,206
李沐 170
李目奇（唐村） 184
李茂春 169
李友（唐村） 200
陸応陽 50,159,164,197
劉国能 32
劉詔 100,178
劉尚友 203
劉世徳 202
劉宗敏 36,37,38,39,72,126,127,128,147
劉東震 85
劉理順 37,97,148
柳亜子 125,129,130,131,135,213
柳義南 208
梁玉縄 57
李立炳 181,215
李倫（唐村） 184
李麟孫 42,47,104
呂翁如 178

※李信（唐村）は、博愛（河内）県唐村『李氏族譜』中に記載された人名の意。

事項索引

あ

『アジア歴史事典』 202
安義襄郷備禦 62,75
尉氏県 79,199
一条鞭法 7
『右台仙館筆記』 102,117,205
烏有先生 5,27,54,63,79,101,107,149,152,153,157,162,164,168,172,179,194,195,196,199,222
『雨村曲話』 89
鄖陽 12
鄖陽府 17
影射 127
『永昌演義』 109,114〜122,131,206
永寧 55
永暦政権 53
潁州 42,45,46,47,61,76,78,92,102,104,105,116,117,192,193,199,206
『潁州志』 41〜46,207
潁川衛 42,47,59,74,76,78,105,165,167,168,192,199
衛籍生員 105
駅卒 8,9,27
『閲微草堂筆記』 205

か

奄党 47,71,80,92,161,177,199
延安府 9,28,126
『簷曝雑記』 70,204
応天郷試 105
王府攻撃 65,67

夏津県 158,167
夏邑県 84
河内県 181
河南 78
『河南通史』 206
河南都司 78
河南都指揮使司 105
『華夷変態』 27,28〜30,48,205,209
『懐陵流寇始終録』 22,60,204
解放日報 131
開封 13,17,175,178
開封府 78,104,193
『開封府志』 206
『郭沫若書信集』 133
革左五営 13
学習と時局 130
岳侯 63,76,80
楽戸 156
滑県 174,175
勧賑歌 50
管隊 10

『寄園寄所寄』 87
杞県 32,34,47,60,71,75,78,79,92,97,98,104,117,146,153,156,163,166,167,168,170,178,180,192,193,206
『杞県志』 206
杞県（李岩伝承） 160
箕仙 117
『蘄黄四十八砦紀事』 204
偽官 17,18,24
偽降 45
魏忠賢小説 31
偽牌 20
偽民 18,20
『九宮山』（平劇） 136,138
九江関 90
九江府 88,90
旧案 145,194
旧事 162,194
旧北京図書館蔵書本 67,70,74,75,78,80
『虬髯客伝』 98
匡社 31,197
響馬 8,197
曲周県 174,175
御廠督造 90
『御撰資治通鑑綱目三編』 87,202

事項索引　きる～しょう　233

穿衣吃飯	200,201	
均田救賑	25	
均田免賦	25	
禁書	82～83,86,93,94,108,133	
金華府	88	
銀匠隊	11	
『苦界還生記』	147	
倉石文庫	88	
軍餉	32	
軍籍生員	166	
乩詩	117	
『啓禎野乗』	86,204	
『啓禎両朝條款』	46,77,203	
景徳鎮	90	
荊州	17,18	
『荊襄題稿』	203	
『乾坤正気集』	203	
『乾隆実録』	84	
『見聞随筆』	70,203	
『玄覧堂叢書』	133	
『壺東漫録』	117	
『顧曲塵談』	90,91	
平買平売	20,23,24	
功臣封爵	63,76,79,119	
弘光政権	39,56,88,119	
『後鑑録』	70,74,75,76～80,106,144,194,204	
江南三大家	57	
洪承疇	53	
洪洞県	181	
『甲申核真略』	87,146,203	

『甲申記（五幕話劇）』		136
『甲申紀事』（趙士錦）		146,148,159,180,203
『甲申紀事』（馮夢龍）		20,23
『甲申三百年祭』		122,125～127,128,130,131,133,134,135,137,138,141,151,152,153,162,163,181,193,195
『甲申史商』	5,149,207	
『甲申朝事小紀』	205	
『甲申伝信録』	87,204	
『甲申日記』	146	
郟県	180	
『国榷』	19,22,60,144,204	
『国史大綱』	123	
国本問題	7,55	
穀城県	12	
黒老猫	54	

さ

不当差、不納糧	22,200	
『再生記略』	146,203	
『柴庵疏集・憶記』	203	
済南府	17	
裁駅	8,30	
西肥寨	169	
『罪惟録』	26,204	
三餉	7	
三大望族	160,164	
三部通俗小説	49,58,60,67,73,75,100,110,111,114,120,133,192,194
三面紅旗	221	
参将	44	
山歌	96	
之国問題	7	
史蹟の人	194	
四庫全書	81,83,93	
四正六隅十面策	11,12	
『芝龕記』	88～91,92,93,95,118,133,205	
死賊	19	
『詞余叢話』	90	
貮臣	93	
実事求是	151,222	
『酌中志』	85	
『爝火録』	204	
十八孩兒大貴に當る		39
重慶	124,127,133	
『春在堂全集』	117	
『順治皇過江全伝』		49,205
諸王封建制	16	
諸生説	199	
女流氓	155	
徐州	136	
汝侯	63	
汝寧府	17	
哨	10,14	
商丘県	101,158,165	
『小腆紀年附考』	87,205	
掌家	10,11	
掌盤子	10,11,12,13,14	

招撫	9,12,45	
『樵史通俗演義』	49, 50〜53,54,60,64,86,99, 100,101,159,163,164, 178,192,194,197,198, 205	
祥符県	37	
蕭山県	70,89	
襄京政権	13,14,196	
襄陽	12,13,17	
食封制	16	
信史	23,68	
信陽州	150	
新華日報	125,127	
新順王	13	
『新世弘勳』	49,205	
新晩報	189	
『新編勦闖通俗小説』	22,31〜41,49,51,52,60, 75,86,118,133,134,144, 145,146,147,148,149, 153,154,156,164,180, 192,194,195,197,205	
賑済と納税問題	34	
賑謡	185,186	
人民日報	131	
仁義	14,15,18,19,23,26, 35	
仁義の師	35	
仁義の世界	72,191	
睢州	163,170,171	
『綏寇紀略』	56〜62, 63,64,67,70,74,75,76, 77,79,80,93,94,97,107, 110,111,133,144,159, 172,192,193,204	
『崇禎慘史』	109,122,205	
崇明島	96	
制将軍	35,126	
整風運動	136,141	
整風文献	131,132,138	
生祠	42,61,161	
『聖后艱貞記』	159	
西安	14,63	
『西廂記』	96	
税役負担免除	22	
税を免除	24,35,52,72, 114	
石門県	121,137	
説文社	133	
千載寺	185	
全毀	83	
勦餉	7,11	
宗室出仕の禁	16	
総督	62	
『雙雪堂集』	102,117	
騒乱主義	3,128	
『増訂晩明史籍考』	202	
『孫伝庭疏牘』	203	

た

打馬草隊	11
打糧隊	10
大順政権	14,63,72,141, 179
大相国寺	96,97
『大清歷朝実録』	203
大西王	13
大西政権	14
大斉政権	141
『大明実録』	202
大明兵乱伝聞	28,30
大躍進運動	141
大流動期	9
太極拳	188
太極拳養生功	185
太倉	56
太和県	117
沢侯	63
『丹午筆記』	203
地方分封	16
中央日報	127,135
中軍都督府	78
『中興従信録』	87
『中国古代小説百科全書』	202
『中国古代の思想家たち』	134
『中国史籍解題辞典』	202
『中国通俗小説書目』	202
『忠烈奇書』	109
抽毀	83,94
盩厔県	11
張溥	56
調整政策	141,221
長垣県	155
『長夜』(小説)	150
陳州	105
『闖王進京』(京劇)	136

闖賊の首魁		93
追贓充餉		36,37
通山県		120
通城県		120
『定思小紀』		203
『定鼎奇聞』		49〜53,86, 144,146,173,192
帝王思想		137,138
鄭州		88
『鉄冠圖』		109,122,123,205
天授府		13
伝説の人		194
『東華続録』		84
『東華録』		81
東林		177
投降実態		12
『桃花扇』		89
『檮杌近志』		134
潼関		19
碭山県		173
逃禅説		138
鄧県		150
徳州		40
特殊土壌		151,152
都司		44,116
土賊		9,174
土匪		154

な

南昌府	88
『南遷録』	85
南通	96,97
南陽府	17,120
『日本乞師』	85
『廿二史箚記』	70

は

馬上の天子	39
馬賊	9
馬夫	27
敗戦主義	128
『梅村詩文集』	94
売国大老	101,164,197
博愛県	181,188
博学鴻詞科	70,159
博学鴻儒	68,69
『白繪行並序』	171
藩禁体制	16
万暦三大征	7
『晩明史料叢書』	133
晩明熱	132
『晩明民変』	3,132
泌陽県	150
扶箕	117
阜陽県	78,102,105,146,193,199
『阜陽県志』	207
『阜陽地区志』	207
武昌	13
『馮夢龍全集』	205
復社	31,56,177
『焚書』	201
文化大革命	151,194,222
北京	14,198
兵卒	8
『平寇志』	75,86,204
平陽府	19,137
米脂県	28,29,47,110,115,146
『碧血剣』	189
別城	55
辺賊	9
豊潤県	88
豊宝県	71
『北事補遺』	20,23
『北遊録』	57,204

ま

麻城県	201
『明季遺聞』	48,56,84,86,102,204
『明季実録』	83,203
『明季南略』	53,84,108,204
『明季北略』	8,49,53,60,75,108,144,173,204
『明季流寇始末』	123,132
『明史』	26,51,68〜70,80,83,87,88,91,98,99,100,106,111,115,116,117,133,144,159,163,166,167,197,198,202
『明史』流賊伝	5,26,58,70〜78,83,87,92,99,158,164,192,194,196,221
『明史紀事本末』	60,64,75,87,100,204
『明史稿』	69,70,80

『明史稿』（萬斯同）　106,202
『明清史料』　16,19,173,203
『明清史料彙編』　203
『明清進士題名碑録策引』　17,78,202
『明通鑑』　204
『明末痛史演義』　111
『明末農民起義史料』　19,203
民籍生員　105
民変　4,132
無錫県　53,54
免市　20
孟津県　54
『毛沢東書信集』　131
『毛沢東選集』　130,141

や

野史　83,84,85,86,100,109
『兪楼襍纂』　205
楡林　21
『訒闇続筆』　75,148,204
『豫変紀略』　84,85,86,101,153,158,163,179,193,203
『姚雪垠書系』　206
『楊文弱先生集』　203
羊城晩報　151
四項目の提言　36

ら

莱陽県　174,175,179
洛陽　12,17,78
洛陽県　55,65,66
李岩挙人説　60
李岩諸生説　60
李公子像　26
李公子弁　79,99,100,101,102,106,107,153,159,162,163,165,177,178,179,193,194
『李氏家乗』（李精白）　104
『李自成』（小説）　150,151,152〜156,195,206
『李自成演義』　206
李自成僧説　121
李自成の乱　7,141
『李氏族譜』（唐村）　181,186,187,188,196,200,222
『李氏族譜』（李肖勝家蔵）　169,170
李闖王　115
『李闖王（五幕話劇）』　136
『李闖小史』　205
李闖方式　141
劉六・劉七の乱　197
『柳亜子選集』　135
『流寇志』　60,102,204
流寇主義　3,141
『流寇長編』　60,204
流賊　3,4,18,26
遼餉　7
『歴年記』　203
練餉　7
『潞河聞』　85
盧溝橋事件　124
盧氏県　66,71,118
『鹿樵紀聞』　56,57

わ

淮安関　90

著者略歴

佐 藤 文 俊（さとう ふみとし）

1938年　東京都に生まれる。
1962年　早稲田大学第一文学部東洋史学科卒業
1972年　東京教育大学大学院文学研究科博士課程東洋史学専攻
　　　　単位取得退学
　　　　東京都立高等学校教諭
1992年〜2002年　筑波大学歴史・人類学系助教授、教授
　　　　文学博士（筑波大学）

著書・論文
　『明末農民反乱の研究』（研文出版、1985）
　『明代王府の研究』（研文出版、1999）
　「《李闖小史》の性格」（『明清史研究』5、2009）

李 公 子 の 謎
──明の終末から現在まで── 　汲古選書53

2010年 8 月25日　発行

著　者　佐　藤　文　俊

発行者　石　坂　叡　志

製版印刷　富士リプロ㈱

発行所　汲　古　書　院

〒102-0072 東京都千代田区飯田橋2-5-4
電話03（3265）9764　FAX03（3222）1845

ISBN978-4-7629-5053-7　C3322
Fumitoshi SATO ©2010
KYUKO-SHOIN, Co., Ltd. Tokyo.

48 出土文物からみた中国古代

宇都木章著 中国の古代社会を各時代が残したさまざまな「出土文物」を通して分かりやすく解説する。本書はNHKラジオ中国語講座テキスト「出土文物からみた中国古代」を再構成したものである。

▼256頁／定価3150円

49 中国文学のチチェローネ
――中国古典歌曲の世界――

大阪大学中国文学研究室 高橋文治(代表) 編 廓通いの遊蕩児が懐に忍ばせたという『十大曲』を案内人に、中国古典歌曲の世界を散策する。

▼300頁／定価3675円

50 山陝の民衆と水の暮らし
――その歴史と民俗――

森田 明著 新出資料を用い、歴史的伝統としての水利組織の実態を民衆の目線から解明する。

▼272頁／定価3150円

51 竹簡が語る古代中国思想 (三)
――上博楚簡研究――

浅野裕一編(執筆者＝浅野裕一・湯浅邦弘・福田哲之・福田一也・草野友子) 好評既刊(汲古選書42・46)に続く第三弾。『上海博物館蔵戦国楚竹書』第七分冊を中心とした研究を収める。

▼430頁／定価5775円

52 曹雪芹小伝

周汝昌著 小山澄夫訳 『曹雪芹小伝』(百花文藝出版社・一九八〇年四月刊)第三版(一九八四年四月刊)本文三十三章・付録三篇の全訳。『紅楼夢』解明に作者曹雪芹の研究が必須であることは言を俟たない。本書では章ごとに訳者による詳細な注が施される。原書・原注はもとより、この訳注が曹雪芹研究の有益な手引きとなる。 伊藤漱平跋

【内容目次】
[一] はじめに
[二] 時代背景
[三] 清の政局
[四] 奴隷の家系
[五] 誕生
[六] 金陵の旧宅
[七] 曹家の大難
[八] 百足の虫
[九] 大難ふたたび
[一〇] 満人と漢人
[一一] 正邪の両具
[一二] 流浪転々
[一三] 空室監禁
[一四] 俳優に交わる
[一五] 雑学
[一六] 職務
[一七] 交友
[一八] 虎門にて燭を剪る
[一九] 詩胆
[二〇] 文筆の日々
[二一] 山村いずこ(一)
[二二] 山村いずこ(二)
[二三] 黄葉のもとの執筆
[二四] 村塾の友
[二五] 年余の一別
[二六] 南遊
[二七] 脂硯
[二八] 苑召
[二九] 佩刀質酒
[三〇] 文星隕つ
[三一] のちの事(一)
[三二] のちの事(二)
[三三] 余音
[付録一] 補注
[付録二] 曹雪芹の生家と雍正朝
[付録三] 曹雪芹と江蘇〔付図表〕

▼口絵4頁／620頁／定価6300円

『紅楼夢』成立の研究

船越達志著

▼A5判／400頁／9450円

汲古書院

39 中国の文章 ──ジャンルによる文学史

褚斌杰著／福井佳夫訳　中国における文学の種類・形態・様式である「ジャンル」の特徴を、各時代の作品に具体例をとり詳細に解説する。本書は褚斌杰著『中国古代文体概論』の日本語訳である。

▼340頁／定価4200円

40 図説中国印刷史

米山寅太郎著

静嘉堂文庫文庫長である著者が、静嘉堂文庫に蔵される貴重書を主として日本国内のみならずイギリス・中国・台湾など各地から善本の図版を集め、「見て知る中国印刷の歴史」を実現させたものである。印刷技術の発達とともに世に現れた書誌学上の用語についても言及する。

▼カラー8頁／320頁／定価3675円　好評再版

41 東方文化事業の歴史 ──昭和前期における日中文化交流──

山根幸夫著　義和団賠償金を基金として始められた一連の事業は、高い理想を謳いながら、実態は日本の国力を反映した「対支」というおかしなものからスタートしているのであった。著者独自の切り口で迫る。

▼260頁／定価3150円

42 竹簡が語る古代中国思想
── 上博楚簡研究 ──

浅野裕一編〈執筆者＝浅野裕一・湯浅邦弘・福田哲之・竹田健二〉
これまでの古代思想史を大きく書き替える可能性を秘めている上海博物館蔵の〈上博楚簡〉は何を語るのか。

▼290頁／定価3675円

43 『老子』考索

澤田多喜男著

新たに出土資料と現行本『老子』とを比較検討し、現存諸文献を精査することにより、『老子』なる名称の書籍は漢代のある時期から認められるる。少なくとも現時点では、それ以前には出土資料にも〈老子〉なる名称の書籍はなかったことが明らかになった。

▼440頁／定価5250円

44 わたしの中国 ──旅・人・書冊──

多田狷介著

一九八六年から二〇〇四年にわたって発表した一〇余篇の文章を集め、三部（旅・人・書冊）に分類して一書を成す。著者と中国との交流を綴る。

▼350頁／定価4200円

45 中国火薬史 ──黒色火薬の発明と爆竹の変遷──

岡田 登著　火薬はいつ、どこで作られたのか。火薬の源流と変遷を解明する。口から火を吐く火戯「吐火」・隋代の火戯と爆竹・唐代の火戯と爆竹・竹筒と中国古代の練丹術・金代の観灯・爆竹・火缶……。

▼200頁／定価2625円

46 竹簡が語る古代中国思想（二）
── 上博楚簡研究 ──

浅野裕一編〈執筆者＝浅野裕一・湯浅邦弘・福田哲之・竹田健二〉
好評既刊（汲古選書42）に続く第二弾。『上海博物館蔵戦国楚竹書』第五・第六分冊を中心とした研究を収める。

▼356頁／定価4725円

47 服部四郎 沖縄調査日記

服部旦編・上村幸雄解説　昭和三十年、米国の統治下におかれた琉球大学に招聘された世界的言語学者が、敗戦まもない沖縄社会を克明に記す。沖縄の真の姿が映し出される。

▼口絵8頁／300頁／定価2940円

29 陸賈『新語』の研究　福井重雅著

秦末漢初の学者、陸賈が著したとされる『新語』の真偽問題に焦点を当て、緻密な考証のもとに真実を追究する一書。付節では班彪「後伝」・蔡邕「独断」・漢代対策文書について述べる。

▼270頁／定価3150円

30 中国革命と日本・アジア　寺廣映雄著

前著『中国革命の史的展開』に続く第二論文集、全体は三部構成で、辛亥革命と孫文、西安事変と朝鮮独立運動、近代日本とアジアについて、著者独自の視点で分かりやすく俯瞰する。

▼250頁／定価3150円

31 老子の人と思想　楠山春樹著

『史記』老子伝をはじめとして、郭店本『老子』を比較検討しつつ、人間老子と書物『老子』を総括する。

▼200頁／定価2625円

32 中国砲艦『中山艦』の生涯　横山宏章著

長崎で誕生した中山艦の数奇な運命が、中国の激しく動いた歴史そのものを映し出す。

▼260頁／定価3150円

33 中国のアルバ──系譜の詩学　川合康三著

「作品を系譜のなかに置いてみると、よりよく理解できるように思われます」（あとがきより）。壮大な文学空間をいかに把握するかに挑む著者の意欲作六篇。

▼250頁／定価3150円

34 明治の碩学　三浦　叶著

著者が直接・間接に取材した明治文人の人となり、作品等についての聞き書きをまとめた一冊。今日では得難い明治詩話の数々である。

▼380頁／定価4515円

35 明代長城の群像　川越泰博著

明代の万里の長城は、中国とモンゴルを隔てる分水嶺であると同時に、内と外とを繋ぐアリーナ（舞台）でもあった。そこを往来する人々を描くことによって異民族・異文化の諸相を解明しようとする。

▼240頁／定価3150円

36 宋代庶民の女たち　柳田節子著

「宋代女子の財産権」からスタートした著者の女性史研究をたどり、その視点をあらためて問う。女性史研究の草分けによる記念碑的論集。

▼240頁／定価3150円

37 鄭氏台湾史──鄭成功三代の興亡実紀　林田芳雄著

日中混血の快男子鄭成功三代の史実──明末には忠臣・豪傑と崇められ、清代には海寇・逆賊と貶され、民国以降は民族の英雄と祭り上げられ、二三年間の台湾王国を築いた波瀾万丈の物語を一次史料をもとに台湾史の視点より描き出す。

▼330頁／定価3990円

38 中国民主化運動の歩み──「党の指導」に抗して──　平野　正著

本書は、中国の民主化運動の過程を「党の指導」との関係で明らかにしたもので、解放直前から八〇年代までの中共の「指導」に対抗する人民大衆の民主化運動を実証的に明らかにし、加えて「中国社会主義」の特徴を概括的に論ずる。

▼264頁／定価3150円

20 グリーンティーとブラックティー
――中英貿易史上の中国茶

矢沢利彦著　本書は一八世紀から一九世紀後半にかけて中英貿易で取引された中国茶の物語である。当時の文献を駆使して、産地・樹種・製造法・茶の種類や運搬経路まで知られざる英国茶史の原点をあますところなく分かりやすく説明する。

▼260頁／定価3360円

21 中国茶文化と日本

布目潮渢著

近年西安西郊の法門寺地下宮殿より唐代の皇帝の大量の美術品・茶器が出土した。文献では知られていたが唐代の皇帝が茶を愛玩していたことが証明された。長い伝統をもつ茶文化――茶器について解説し、日本への伝来と影響についても豊富な図版をもって説明する。カラー口絵４葉付

▼300頁／品切

22 中国史書論攷

澤谷昭次著

先年急逝された元山口大学教授澤谷先生の遺稿約三〇篇を刊行。東大東洋文化研究所に勤務していた時「同研究所漢籍分類目録」編纂に従事した関係から漢籍書誌学に独自の境地を拓いた。また司馬遷「史記」の研究や現代中国の分析にも一家言を持つ。

▼520頁／定価6090円

23 中国史から世界史へ ――谷川道雄論

奥崎裕司著　戦後日本の中国史論争は不充分なままに終息した。それは何故か。谷川氏への共感をもとに新たな世界史像を目ざす。

▼210頁／定価2625円

24 華僑・華人史研究の現在

飯島渉編　「現状」「視座」「展望」について15人の専家が執筆する。従来の研究課題を整理し、今後の研究課題を展望することにより、日本の「華僑学」の構築を企図した。

▼350頁／品切

25 近代中国の人物群像 ――パーソナリティー研究――

波多野善大著　激動の中国近現代史を著者独自の歴代人物の実態に迫る研究方法で重要人物の内側から分析する。

▼536頁／定価6090円

26 古代中国と皇帝祭祀

金子修一著

中国歴代皇帝の祭礼を整理・分析することにより、皇帝支配による国家制度の実態に迫る。

▼340頁／定価3990円

27 中国歴史小説研究　好評再版

小松謙著

元代以降高度な発達を遂げた小説そのものを分析しつつ、それを取り巻く環境の変化をたどり、形成過程を解明し、白話文学の体系を描き出す。

▼300頁／定価3465円

28 中国のユートピアと「均の理念」

山田勝芳著　中国学全般にわたってその特質を明らかにするキーワード、「均の理念」「太平」「ユートピア」に関わる諸問題を通時的に叙述。

▼260頁／定価3150円

11 中国語文論集 文学篇　太田辰夫著

本巻には文学に関する論考を収める。「紅楼夢」新探／「鏡花縁」／「児女英雄伝」の作者と史実等。付固有名詞・語彙索引

▼350頁／定価3568円

12 中国文人論　村上哲見著

唐宋時代の韻文文学を中心に考究を重ねてきた著者が、詩・詞という高度に洗練された文学様式を育て上げ、支えてきた中国知識人の、人間類型としての特色を様々な角度から分析、解明。

▼270頁／定価3059円

13 真実と虚構—六朝文学　小尾郊一著

六朝文学における「真実を追求する精神」とはいかなるものであったか。著者積年の研究のなかから、特にこの解明に迫る論考を集めた。

▼350頁／定価3873円

14 朱子語類外任篇訳注　田中謙二著

朱子の地方赴任経験をまとめた語録。当時の施政の参考資料としても貴重な記録である。「朱子語類」の当時の口語を正確かつ平易な訳文にし、綿密な註解を加えた。

▼220頁／定価2345円

15 児戯生涯—読書人の七十年　伊藤漱平著

元東京大学教授・前二松学舎大学長、また「紅楼夢」研究家としても有名な著者が、五十年近い教師生活のなかで書き綴った読書人の断面を随所にのぞかせながら、他方学問の厳しさを教える滋味あふれる随筆集。

▼380頁／定価4077円

16 中国古代史の視点　私の中国史学(1)　堀敏一著

中国古代史研究の第一線で活躍されてきた著者が研究の現状と今後の課題について全三冊に分かりやすくまとめた。本書は、1 時代区分論 2 唐から宋への移行 3 中国古代の土地政策と身分制支配 4 中国古代の家族と村落の四部構成。

▼380頁／定価4077円

17 律令制と東アジア世界　私の中国史学(2)　堀敏一著

本書は、1 律令制の展開 2 東アジア世界と辺境 3 文化史四題の三部よりなる。中国で発達した律令制は日本を含む東アジア周辺国に大きな影響を及ぼした。東アジア世界史を一体のものとして考究する視点を提唱する著者年来の主張が展開されている。

▼360頁／定価3873円

18 陶淵明の精神生活　長谷川滋成著

詩に表れた陶淵明の日々の暮らしを10項目に分けて検討し、淵明の実像に迫る。内容＝貧窮・子供・分身・孤独・読書・風景・九日・日暮・人寿・飲酒。日常的な身の回りに詩題を求め、田園詩人として今日のために生きる姿を歌いあげ、遙かな時を越えて読むものを共感させる。

▼300頁／定価3364円

19 岸田吟香—資料から見たその一生　杉浦正著

幕末から明治にかけて活躍した日本近代の先駆者—ドクトル・ヘボンの和英辞書編纂に協力、わが国最初の新聞を発行、目薬の製造販売を生業としつつ各種の事業の先鞭をつけ、清国に渡り国際交流に大きな足跡を残すなど、謎に満ちた波乱の生涯を資料に基づいて克明に

▼440頁／定価5040円

汲古選書

既刊53巻

1 一言語学者の随想
服部四郎著

わが国言語学の大御所、文化勲章受章・東京大学名誉教授故服部先生の長年にわたる珠玉の随筆75篇を収録。透徹した知性と鋭い洞察によって、言葉の持つ意味と役割を綴る。

▼494頁／定価5097円

2 ことばと文学
田中謙二著

京都大学名誉教授田中先生の随筆集。
「ここには、わたくしの中国語乃至中国学に関する論考・雑文の類をあつめた。わたくしは〈ことば〉がむしょうに好きである。生き物さながらにうごめき、またピチピチと跳ねっ返り、そして話しかけて来る。それがたまらない。」（序文より）

▼320頁／定価3262円　好評再版

3 魯迅研究の現在
同編集委員会編

魯迅研究の第一人者、丸山昇先生の東京大学ご定年を記念する論文集を二分冊で刊行。執筆者＝北岡正子・丸尾常喜・尾崎文昭・代田智明・杉本雅子・宇野木洋・藤井省三・長堀祐造・芦田肇・白水紀子・近藤竜哉

▼326頁／定価3059円

4 魯迅と同時代人
同編集委員会編

執筆者＝伊藤徳也・佐藤普美子・小島久代・平石淑子・坂井洋史・櫻庭ゆみ子・江上幸子・佐治俊彦・下出鉄男・宮尾正樹

▼260頁／定価2548円

5・6 江馬細香詩集「湘夢遺稿」
入谷仙介監修・門玲子訳注

幕末美濃大垣藩医の娘細香の詩集。頼山陽に師事し、生涯独身を貫き、詩作に励んだ。日本の三大女流詩人の一人。

▼総602頁／⑤定価2548円／⑥定価3598円　好評再版

7 詩の芸術性とはなにか
袁行霈著・佐竹保子訳

北京大学袁教授の名著「中国古典詩歌芸術研究」の前半部分の訳。体系的な中国詩歌入門書。

▼250頁／定価2548円

8 明清文学論
船津富彦著

一連の詩話群に代表される文学批評の流れは、文人各々の思想・主張の直接の言論場として重要な意味を持つ。全体の概論に加えて李卓吾・王夫之・王漁洋・袁枚・蒲松齢等の詩話論・小説論について各論する。

▼320頁／定価3364円

9 中国近代政治思想史概説
大谷敏夫著

阿片戦争から五四運動まで、中国近代史について、最近の国際情勢と最新の研究成果をもとに概説した近代史入門。1阿片戦争 2第二次阿片戦争と太平天国運動 3洋務運動等六章よりなる。付年表・索引

▼324頁／定価3262円

10 中国語文論集 語学・元雑劇篇
太田辰夫著

中国語学界の第一人者である著者の長年にわたる研究成果を全二巻にまとめた。語学篇＝近代白話文学の訓詁学的研究法等、元雑劇篇＝元刊本「看銭奴」考等。

▼450頁／定価5097円